SUR LA BARQUE DU TEMPS

Jean E. Charon

Sur la barque du temps

Albin Michel

« L'Expérience intérieure »
Collection dirigée par Marc de Smedt

© Éditions Albin Michel S.A., 1989
22, rue Huyghens, 75014 Paris

Tous droits réservés. La loi du 11 mars 1957 interdit les copies ou reproductions destinées à une utilisation collective. Toute représentation ou reproduction intégrale ou partielle faite par quelque procédé que ce soit — photographie, photocopie, microfilm, bande magnétique, disque ou autre — sans le consentement de l'auteur et de l'éditeur est illicite et constitue une contrefaçon sanctionnée par les articles 425 et suivants du Code pénal.

ISBN 2-226-03771-3

Sommaire

PRÉFACE
La Vie et la Mort
page 11

I. LA RECHERCHE, MA RECHERCHE
Connaissance de l'Univers
page 27

II. DIEU
et la notion de « Bien et de Mal »
page 111

Ce livre pourrait rappeler à quelques lecteurs un « moulin à prières », vous savez, ces instruments de musique qui nous chantent sans fin de courtes mélodies, dans lesquelles l'auteur a mis des paroles qu'il voudrait voir répéter sans cesse. Je n'ai pas hésité, moi non plus, à traiter *plusieurs fois* dans ce livre des sujets qui me tiennent très à cœur, d'examiner ces sujets sous de nombreuses facettes, comme si je voulais mieux en convaincre mes lecteurs. Ces sujets sont, il est vrai, ceux qui préoccupent la plupart d'entre nous, comme Dieu et notre Univers, le Bien et le Mal, la tolérance, la Vie et la Mort; et aussi Matière et Mémoire, Mental et Esprit, Raison et Intuition; et aussi, ce qui est plus courant chez nos amis orientaux : la pensée paradoxale (une chose existe en même temps et à la fois comme ce qu'elle est et comme son contraire).

Va donc pour les « moulins à prières » : je n'ai comme excuse, s'il en faut une, que c'est exactement ce que j'ai voulu faire.

Préface

LA VIE ET LA MORT

> *Aux cris funèbres se mêle le vagissement que poussent les petits enfants abordant au rivage de la lumière.*
>
> Lucrèce

« Faudra bien que j'm'y fasse... tout finira par arriver... » La chanson d'Yves Montand, qui je crois s'intitule « Clopin-clopant », est venue souvent fredonner à mes oreilles durant ces dernières années. On ne peut empêcher le temps de passer. Mais j'avoue que j'ai du mal à m'y faire. Je n'ai jamais pu me forger une « philosophie » du temps qui passe, du temps qui nous approche tôt ou tard de la fin de cette vie. Je sais, je devrais me plaindre moins qu'un autre, puisque c'est moi-même qui ai cherché à convaincre les autres que nous sommes à dire vrai éternels, que nous sommes fabriqués d'une Matière qui vit pour toujours en nous, que nous partageons donc l'aventure de l'Univers de son commencement à sa fin. Je sais tout cela. Mais il y a loin de la coupe aux lèvres. Et cette coupe de vie éternelle, elle est toujours bien loin de moi dans les faits, elle est sans doute dans mon « Imaginaire » (on sait comme j'ai défendu dans mes écrits cette autre face des choses), mais je ne suis jamais parvenu à me persuader profondément de ce que, par voie de pure logique, j'ai annoncé aux autres.

Qu'est-ce que le temps ? Qu'est-ce que la Mort ? Qu'est-ce que *ma* mort ? Comment répondre à de telles questions ?

Je veux d'abord chercher à y répondre « traditionnellement », et faire appel à ce qu'on nomme la Foi. Cette Foi s'est, de tout temps, efforcée de nous rassurer : nous avons été créés par un Dieu éternel, qui a d'ailleurs créé l'Univers lui-même, avec le Ciel, la Terre et toutes ses créatures vivantes, y compris les Hommes. Sans doute avons-nous, dans ce corps de chair et de sang, une existence très limitée : mais les Hommes ne sont pas faits uniquement d'un corps, ils ont aussi une âme. Et cette âme est immortelle, elle dure aussi longtemps que l'Univers entier lui-même, Dieu lui réserve une place auprès de lui.

Il est vrai qu'il existe bien des variantes au sort que Dieu va attribuer à cette âme. Pour la religion catholique on trouve l'histoire du Monde généralement écrite dans la Bible, et on constate que l'Homme n'est pas strictement soumis à la loi de Dieu, mais peut lui désobéir, en effectuant des actes « défendus ». Ainsi en va-t-il du célèbre « péché originel ». On discute beaucoup sur ce péché originel, qui aurait entaché le genre humain dès son début. Ève a-t-elle commis la « faute » avec ce diable de Lucifer (porteur de tous les péchés du monde) ou faut-il voir là un sens plus symbolique, qui suggérerait que l'Homme a dès le départ été enclin non seulement à faire le Bien, mais encore à faire le Mal, et qu'il n'aura pas trop de toute sa Vie pour « se racheter » (c'est-à-dire faire aussi de temps en temps, et le plus possible, du Bien pour compenser le Mal)?

Mais, à y voir de plus près, et dès qu'on laisse libre cours à notre Raison (dont l'Homme semble avoir aussi été doté), qu'appelle-t-on exactement Bien et Mal ? Plus le temps passe, et plus cette Raison est aiguisée, plus elle commence à douter des notions « absolues » de Bien et de Mal. Et c'est ici qu'on doit se tourner aussi vers d'autres religions, où les penseurs se sont beaucoup préoccupés, eux aussi, de Bien et de Mal : on lit par exemple, dans *L'Enseignement du Bouddha* (un livre qu'on trouve notamment sur la table de chevet de la presque totalité des chambres à coucher nord-américaines, et qui est en somme la Bible indienne) : « Les gens font une distinction entre le Bien et le Mal, mais il n'y a ni Bien ni Mal existant séparément. Ceux qui suivent le chemin de l'Illumination ne reconnaissent pas une telle dualité, et cela les conduit à ne pas louer le Bien, ni condamner le Mal, ni le contraire. »

Je vois d'ici mon « bon » catholique sursauter et, en matière d'excuse, ou d'échappatoire, s'écrier : « Mais ce sont des Indiens, il faut hiérarchiser certains principes placés à la base des religions, la mentalité « indienne » est sans aucun doute retardataire dans certains de ses aspects, les religions évoluent, comme toute chose. »

Le malheur, ou la difficulté, c'est qu'on va trouver la même opinion chez des penseurs d'autres religions. Ainsi, par exemple, on lit chez le soufi Umar Khayyam, dès le XIe siècle de notre ère : « J'ai envoyé mon âme dans l'Invisible pour aller épeler quelques lettres de l'Au-Delà ; et mon âme, après bien des jours, est revenue, disant : "Voilà, je suis moi-même, le Ciel et l'Enfer." » Qu'appelle-t-on ici le Ciel et l'Enfer si ce n'est justement le Bien et le Mal ?

Faut-il rappeler un autre Arabe, Khalil Gibran, pourtant converti à la religion catholique (il était libanais), qui, dans son célèbre livre *Le Prophète*, écrit au début de notre siècle : « Vous ne pouvez séparer le juste de l'injuste, et le bon du méchant ; car ils se tiennent tous deux devant la face du soleil, tout comme les fils noirs et blancs sont tissés ensemble. »

Ces réflexions sur le Bien et le Mal ont paru nous éloigner un peu de la Mort, et de la Justice de Dieu. Il n'en est rien cependant. Je veux simplement mettre en doute les jugements qui vont vouloir nous proposer certaines images trop précises de l'Univers, que de telles images soient blanches ou noires. Je dis « mettre en doute », je ne veux pas prétendre que de telles images sont fausses, pas plus que je ne veux soutenir qu'elles sont vraies. Ces propositions sont avancées par la Foi, ce qui signifie qu'on peut les « croire », ou « ne pas les croire ». Mais, dans tous les cas, on n'aura habituellement aucun mal à trouver une « Foi » s'appuyant sur une proposition diamétralement contraire à ces images « précises », qu'on a souvent le grand tort de confondre avec des « absolus ». Et, comme je le remarquais, il ne s'agit pas pourtant de petits aspects de notre monde, il ne s'agit de rien de moins que de Dieu, de la Mort, ou du Bien et du Mal. De grands thèmes, si ce n'est LES grands thèmes, des thèmes qui ont une importance fondamentale dans le déroulement de notre vie.

Cependant, essayons d'aller un peu plus loin, refusons de nous avouer vaincus et d'être incapables d'apporter une réponse non ambiguë à des questions aussi essentielles que Dieu, la Mort ou la notion de Bien et de Mal. Ou, tout au moins, demandons-nous s'il n'y a pas *d'autre voie* que la Raison, pour nous approcher de réponses à ces questions fondamentales. Et nous allons, cette fois, nous concentrer sur la Mort, qui non seulement est une question propre au genre humain, mais qui est directement ressentie par tout ce qui est Vivant.

Chaque être Vivant a, par définition, la qualité d'être vivant. Cette qualité lui a été octroyée dès sa naissance, par définition encore. On remarque en outre que, cette qualité d'être Vivant, l'être va *intuitivement vouloir la conserver*, qu'il soit un animal ou un humain, une fourmi ou un Homme : le Vivant va vouloir conserver cette précieuse Vie, il va vouloir échapper à n'importe quel prédateur qui va chercher à lui dérober cette Vie, quelle qu'en soit la raison. Je ne prête pas au prédateur des intentions de vouloir prendre la Vie de l'autre pour d'autres raisons que celle de se nourrir, cela me suffit. C'est une grande loi du Vivant, le Vivant ne peut subsister qu'en se nourrissant d'un autre Vivant. Et, pour cette raison, je dis que le fait pour un être vivant de générer la mort d'un autre Vivant pour s'en nourrir est une action *purement intuitive*. Cette action ne fait pas appel à la Raison, car la Raison est ce qui fournit les arguments pour un comportement donné. Or, se nourrir est, pour le Vivant, une sorte de symbiose avec l'Univers entier, c'est l'application d'une loi générale d'Univers, au même titre que la loi de la pesanteur. Et, de même que la loi de se nourrir est intuitive chez le Vivant, tout simplement pour éviter de mourir de faim, de même la loi d'éviter de mourir, même si cette mort doit nous faire servir de nourriture à un autre, me paraît une loi intuitive ; c'est-à-dire que le Vivant va faire jouer ici *en premier lieu* son Intuition, et non d'abord sa Raison.

Je pense avoir l'occasion, au cours de cet ouvrage, de préciser la différence entre Raison et Intuition, comme j'ai commencé à le faire dans mes deux derniers ouvrages (*Les Lumières de l'Invisible* et *Le Tout, l'Esprit et la Matière*). Mais je voudrais une nouvelle fois insister sur le fait que, je crois, nous avons *deux* approches différentes de l'Univers : une approche globale, d'une part, qui ne s'appuie sur aucun raisonnement, mais plutôt sur un contact purement sensible avec l'Univers *entier*; et, d'autre part, une approche personnelle, analytique, qui se base sur *la mémoire* que nous avons de la situation présente (ici et maintenant), qui fait intervenir cette mémoire pour étayer un raisonnement, aussi sommaire que soit celui-ci.

Et maintenant je reviens à la Mort. Ce qui nous fait craindre la Mort n'est en aucune manière le résultat d'un raisonnement, ai-je dit, c'est une réaction purement basée sur l'Intuition. On craint la Mort, et donc on évite la Mort, non pas parce qu'un raisonnement nous la fait craindre, mais parce que c'est notre appartenance en tant que Vivant à l'Univers entier qui nous fait intuitivement vouloir éviter la Mort. Je veux dire qu'il me paraît entièrement faux de prétendre qu'un argument basé sur la Foi, par exemple, c'est-à-dire un *raisonnement* quel qu'il soit, va être le responsable de notre crainte de la Mort. Cette crainte de la Mort existera même si, quand la Foi devient très forte, elle nous permet d'affirmer (à faux) que « nous n'avons pas peur de la Mort ». Voyez les animaux qui, de ce point de vue, sont plus proches de l'Univers global, s'ils parviennent à ne pas avoir peur de la Mort : ils ont peur de la Mort, comme tout Vivant, parce que cette peur est une *loi de la Nature*, et nous l'avons *à tout instant de notre Vie*, elle précède les arguments « raisonnés » qui viendraient aussi contempler la Mort, comme les arguments de la Foi par exemple.

Notre siècle a cependant voulu prendre une position bien à lui vis-à-vis du grave problème de la Mort. On le doit à la croissance de ce qu'on nomme habituellement la Culture, et plus précisément la Science.
Trêve de raisonnements « fumeux », nous dit la Science, comme ces arguments qu'on voudrait tirer de la Foi. Cette Foi, à vrai dire, est notre concurrente directe, à nous la Science, car elle utilise comme nous des « raisonnements », notamment pour tenter de nous convaincre que quelque chose en nous serait éternel, un « quelque chose » qu'on nomme habituellement notre âme. C'est possible, après tout,

continue la Science : mais ce n'est en tout cas pas « démontré » actuellement. Et il est « scientifique » de ne pas aller plus vite que la musique, et de ne rien croire qui n'ait d'abord été démontré par la Science comme vrai. Je veux bien être « tolérante » avec la Foi, poursuit la Science, elle a le droit d'avoir son avis sur la Mort, mais à condition de bien savoir que c'est moi, la Science, qui dis comment sont les choses, ou en tout cas comment il faut les voir actuellement. Et non la Foi. Donc, je vous en prie, conclut la Science, vous qui vous préoccupez de comment est fait le monde, il y a lieu de distinguer entre deux manières de voir l'Univers : la manière « scientifique », qui dit comment sont « vraiment » les choses ; et puis une manière qui peut satisfaire notre cœur, et qu'on aura donc « le droit » d'adopter en s'appuyant sur notre Foi, mais qui ne sera nullement fille de notre Raison.

Ainsi parlait la Science en ce milieu du XXe siècle ; or, comme on le sait, la Science ne parle jamais à la légère... et aime bien qu'on écoute attentivement ce qu'elle dit.

En somme, on croirait être revenus, d'une certaine façon, au temps de la bagarre entre l'Inquisition et Galilée. Si ce n'est que les rôles sont maintenant inversés. L'Inquisition croyait détenir le monopole de la Vérité, et elle n'entendait pas que la Science naissante lui conteste ce rôle. La Vérité était écrite dans la Bible, c'est la Foi qui nous la dictait, c'est elle qui nous disait comment sont faites les choses. Rien à faire pour croire les thèses de ce fantaisiste de Copernic, ou de cet original de Galilée.

Et, s'il le faut, si ces individus « insistent », on n'hésitera pas à prendre des sanctions contre eux : il y a moins de trois siècles qu'on a brûlé vif Giordano Bruno à Rome parce qu'il avait prétendu, entre autres choses, que des mondes « habités » peuplaient l'Univers, et que notre Terre, pourtant le « centre du monde », n'était pas seule à avoir attiré l'attention de Dieu ! Notre René Descartes croyait à peu près la même chose que Giordano Bruno ; mais il préféra, pour sa part, cacher ses idées... et éviter le bûcher (Cf. sa lettre bien connue à son ami, le père Mersenne) !

Est-ce très différent aujourd'hui ? Il y a moins de trois ans, alors que je passais à l'émission de télévision « Apostrophes », je devais entendre le biologiste Jean-Pierre Changeux me déclarer que la Matière ne pouvait contenir de l'Esprit... puisqu'il n'y avait d'Esprit nulle part, que tout cela s'explique plus « simplement » en termes de physique et chimie pures. Voilà une bien belle façon d'apporter quelque lumière sur le grand problème de l'Esprit ! Et je voudrais bien que J.-P. Changeux me dise, par exemple, comment, si la Matière est acceptée pour avoir peu d'Esprit, elle en a tout de même eu assez pour avoir créé l'Homme, qui prétend en avoir tant !

Et je pense que les procès en sorcellerie n'ont toujours pas disparu, il y a seulement d'autres manières de faire disparaître aujourd'hui les « gênants » de la Science, au moyen de méthodes qui n'ont plus la publicité du pilori ou du bûcher !

Vers les années 1980 on peut dire que le « statut » de la Mort était cependant allé en se précisant. Il y avait d'une part le sentiment *intuitif* que l'on percevait à travers l'approche que nous avions de l'Univers entier, qui était un sentiment de crainte vis-à-vis de notre Mort, un sentiment indéniable qui nous conduisait à vouloir l'éviter et la retarder le plus possible. S'il est exact que, chez les Humains, il se trouvait des individus qui semblaient ne plus percevoir ce sentiment de crainte de la Mort, comme les êtres la provoquant par suicide par exemple, ce cas humain n'était qu'une faible minorité, et d'ailleurs ne semblait pas concerner le reste du règne Vivant. Et puis, d'un autre côté, il y avait notre connaissance « scientifique » de la Mort, s'appuyant sur ce qu'on croyait savoir d'« objectif » de la Vie : nous sommes faits d'un corps de Matière qui, à l'échelle des durées mises en jeu par l'Univers, « vit » un temps extraordinairement petit, et cela quel que soit l'être Vivant considéré. Sans doute les corps du Vivant subsistent-ils des durées inégales, mais toutes ces durées sont pratiquement infimes, voire négligeables, quand on les compare à l'âge de l'Univers entier, qui se chiffre au moins en milliards d'années. La Science de cette fin de siècle pouvait faire sienne la célèbre parabole des Écritures : « Tu es poussière et tu retourneras à la poussière. » Certes, les scientifiques peuvent aussi être des croyants, et aborder la Mort sous un angle plus mystique, mais la Science tenait à ce qu'on distingue bien ce qu'elle apportait d'« objectif », et ce qui était basé sur de simples arguments de Foi. Cette

Foi avait ses Raisons, bien sûr, elle ne présentait pas ses « credo » sans arguments à l'appui : mais les Raisons de la Foi étaient des Raisons « que la Raison (de la Science) ne connaissait pas » ; la preuve en étant qu'il y avait sur cette planète plusieurs croyances issues de la Foi, alors que la Science était universelle.

« Alors vint un changement, comme changent toutes choses humaines », nous dit Tennyson dans son *Enoch Arden*. Et ce changement inattendu allait venir tout naturellement. La description scientifique de l'Univers, qui depuis quelques siècles était essentiellement « matérielle » (on représentait les différents états que pouvait prendre la Matière), devint brusquement « spirituelle » (on représentait désormais les différents états que pouvait prendre une Matière *dotée d'Esprit*). Il est vrai que, depuis déjà des millénaires, semblait se préparer un tel changement : « l'ombre » de l'Esprit planait « intuitivement » sur la Connaissance, et nombreux avaient été ceux qui avaient proposé déjà des « modèles » de la Matière porteuse d'Esprit. Sans avoir besoin de remonter pour le voir au Savoir grec ou oriental, il suffit de se rappeler, plus près de nous, Leibniz avec ses « monades » ou Teilhard de Chardin avec son « Dedans » de la Matière. Mais, cette fois-ci, avec l'époque de la Science contemporaine, rien d'analogue n'a eu lieu : la Physique, en quête comme toujours d'unification (c'est-à-dire d'unifier sa représentation de l'Univers) s'aperçut clairement qu'elle n'allait pas y arriver sans ouvrir cette représentation à ce qu'elle a nommé des « dimensions cachées ». En gros, il ne s'agissait de rien de moins que de suggérer de représenter l'Univers non pas seulement dans l'espace traditionnel de la Physique (qu'on nomma le Réel), mais aussi dans un espace nouveau, où serait susceptible de se trouver une partie de l'Univers qui, jusque-là, nous était demeurée « cachée » (une partie que j'ai personnellement nommée l'espace Imaginaire). La représentation des éléments de Matière obtenue alors montrait sans aucun doute que cette Matière, dès le niveau le plus petit (la particule), pouvait posséder *une mémoire*, dont on obtenait une description dans la partie de l'espace nouvellement ouvert en Physique, l'Imaginaire. L'incroyable venait de se produire : les particules de Matière étaient « comme nous » (ou plutôt on était comme elles), elles pouvaient avoir une activité mentale (il est vrai variable d'une particule à l'autre... comme le Vivant nous l'avait toujours montré d'ailleurs).

Ce n'est pas le lieu de donner ici des détails « scientifiques » (j'ai publié un ouvrage entier, *La Relativité complexe*, sur ce sujet en novembre 1987, en français et en anglais), mais cette nouvelle approche de notre Univers est tellement importante que je n'hésite pas à dire qu'elle va nous faire vivre dans un véritable « nouveau monde ».

Mais quoi de neuf alors en ce qui concerne la Mort, notre mort ? Nous découvrons que nous sommes « faits » d'une Matière qui possède *une mémoire quasi éternelle*, puisque cette mémoire est logée dans une partie de la Matière (l'Imaginaire) qui est indestructible, et donc éternelle. Ainsi, sans doute subissons-nous certaines transformations au cours de notre Vie, et notamment au cours de notre Mort corporelle, mais nous représentons une individualité qui conserve *éternellement* sa mémoire, qui « vit » aussi longtemps que l'Univers lui-même, qui partage l'aventure de tout l'Univers, du commencement à la fin de celui-ci, c'est-à-dire pour des milliards d'années. Cette fois-ci, le sens caché de la parabole biblique nous apparaît clairement : « Tu es poussière et tu retourneras à la poussière » est une promesse d'éternité. Car y a-t-il mieux que la poussière pour symboliser la Matière élémentaire ?

Mais nous voici maintenant au pied du mur, et il ne va guère être possible de s'arrêter en chemin. Nous avons vu que notre Intuition, nous rendant solidaires de l'Univers entier, nous faisant donc obéir aux grandes lois de l'Univers, nous faisait spontanément craindre la Mort, et donc nous efforcer de l'éviter ; de manière complémentaire d'ailleurs, une autre loi de l'Univers est que le Vivant doit se nourrir pour subsister, et donc faire mourir continuellement d'autres êtres vivants.

Mais notre Raison, qui a bâti notre Science, nous indique aussi maintenant un autre aspect de cette Mort : notre Esprit est éternel, nous sommes faits de particules de Matière qui sont individuellement porteuses de propriétés mentales, et notamment d'une mémoire indestructible. La Science de cette fin du XXe siècle semble donc sonner la défaite de la Mort, nous allons vivre éternellement avec cet Univers.

Comment donc cet Univers peut-il « intuitivement » nous faire obéir à une grande loi qui nous fait craindre la Mort et, simultanément, avoir notre Raison (notre Science) qui nous découvre que nous n'avons rien à craindre de la Mort, puisque nous sommes immortels par notre mémoire ?

Je crois que ceci ne pourra être bien compris que quand nous saurons approcher l'Univers *de manière paradoxale,* c'est-à-dire devenir capables de concilier harmonieusement ce qui, aux yeux de la Raison *seule,* apparaît comme une contradiction. La pensée paradoxale devance de peu la pensée intuitive : ici une chose est à la fois ce qu'elle est, et aussi le contraire de ce qu'elle est. Ceci fait « sursauter » la Raison : mais nous allons voir que la Raison n'est pas seule pour approcher l'Univers, il faut y ajouter l'Intuition.

Je suis convaincu que les grands problèmes que nous pose l'Univers, comme ceux de la Mort, ou de Dieu, ou du Bien et du Mal, ne pourront trouver une solution satisfaisante, à notre cœur comme à notre Esprit, avant qu'on ait su utiliser harmonieusement le paradoxe, qui me semble une forme *supérieure* de pensée, dont les logiques sont basées à la fois sur l'Intuition et la Raison, ces deux moyens étant utilisés *successivement* (et exigeant qu'on fasse « taire » l'un pendant qu'on utilise l'autre).

Nous y reviendrons longuement dans les pages qui suivent.

I

LA RECHERCHE, MA RECHERCHE
CONNAISSANCE DE L'UNIVERS

> *Chercher ne conduit à trouver que si nous cherchons ce qui est en nous.*
>
> LUCRÈCE

Le soleil de Bagdad

Ce que je venais à l'instant d'envisager me paraissait tellement important que je restai longtemps comme ébloui. Je me trouvais dans mon bureau de Bagdad, en Irak, au mois d'août 1976. J'accomplissais une mission pour la Compagnie générale d'automatisme (C.G.A.); il était question de faire fonctionner un Centre d'ordinateurs pour le gouvernement iraquien. Mon « savoir-faire » n'a pas toujours, comme on le voit, été utilisé pour la Physique théorique pure et la Recherche. Ma seule excuse, s'il m'en faut une, c'est que cela était beaucoup mieux payé que la Recherche... et il faut bien que les physiciens vivent aussi! (je raconterai peut-être un jour ce que j'en pense « vraiment »).

Donc, je me trouvais alors dans mon bureau de Bagdad, seul représentant de la C.G.A. C'était un moment où presque tout le personnel français était en vacances, et j'en profitais pour taper à la machine mon prochain manuscrit de Physique, que je comptais remettre à la rentrée d'octobre à mon éditeur à Paris, Albin Michel. Et, brutalement, je tombai en arrêt dans mes réflexions. J'avais soudain la conviction que je venais de trouver le pont que je recherchais depuis toujours, disons au moins depuis vingt-cinq ans : le pont entre la Matière et l'Esprit.

Cela a l'air idiot quand on présente les choses ainsi. Je me souviens de mon ami Joël Maunoury, qui se moquait un soir chez lui de son cousin Marc Oraison (le théologien), trouvant que les idées semblaient lui venir comme par enchantement : « Tu as toujours plein d'idées, Marc ; je voudrais bien savoir comment te viennent ces "traits de génie" extraordinaires, ceci me permettrait peut-être de profiter de ta méthode. Est-ce que cela t'apparaît quand tu te rases le matin, dans ton cabinet de toilette ? Ou ailleurs ? Dis-moi un peu, Marc ! » Pauvre Marc Oraison ! Mais aussi pauvre Joël ! Car non, Joël, les vraies idées, celles qui valent la peine qu'on y réfléchisse un peu, viennent rarement en se rasant. Elles viennent quand on les attend le moins, brutalement, et souvent après une longue période d'incubation qui les a préparées. Au point que, quand elles arrivent, elles vous laissent pratiquement ébloui, et on les contemple un moment comme si elles venaient d'ailleurs. On est en même temps frappé par leur « simplicité » : une grande idée est toujours une idée simple. Si simple qu'on a parfois beaucoup de mal à comprendre « comment on n'y a pas pensé plus tôt ». Aristote remarquait déjà : « Les Hommes se comportent souvent devant les choses les plus simples comme les chauves-souris devant la lumière : ils sont aveugles. »

J'ai souvent réfléchi à cette manière brutale dont vous viennent les idées qui emportent le plus votre conviction. Il semble que ces idées étaient là de tout temps, quelque part dans l'Univers, et qu'on les découvre au détour du chemin, comme on trouve un beau coquillage sur une plage, alors qu'on ne s'y attendait guère. Ce type d'idées vraiment neuves, et pourtant simples, ne sont pas le fruit d'une analyse quelconque, elles ne sont généralement pas la conclusion d'une analyse de la Raison, elles marquent au contraire souvent une rupture soudaine avec la Raison. C'est pourquoi je crois qu'il existe deux approches différentes de l'Univers : la voie de l'Intuition et la voie de la Raison. L'idée créatrice est un instant de contact direct avec tout l'Univers, où il y a sans doute une logique de la Pensée, mais alors une logique globale, dans laquelle l'idée neuve jaillit brusquement avec des mots inconnus, qui n'avaient pas jusqu'ici résonné à notre oreille. Je dirai tout à l'heure plus explicitement pourquoi je considère l'Intuition et la Raison (et non la Raison seule) comme les deux jambes sur lesquelles le Vivant s'appuie pour découvrir l'Univers ; Jean Cocteau n'avait-il pas remarqué : « Je trouve, ensuite je cherche » ? Certes, cela peut paraître un peu prétentieux, mais sur les chemins de l'Univers on se fiche pas mal du « qu'en dira-t-on ».

Donc, disais-je, cette pensée venait brusquement de germer en moi sous le soleil torride de Bagdad. Une idée qui me paraissait si simple, si convaincante, et pourtant servant si bien l'objectif de ma recherche, que j'en restai tout abasourdi. Je me disais que je devais écrire tout cela immédiatement, comme si j'avais peur que cela s'envole, comme dans un rêve. Je venais d'apercevoir distinctement le « pont » entre Matière et Esprit, atteindre en un seul bond l'objectif de Lao Tseu quand il écrivait déjà, six siècles avant notre ère : « Tendre, de toutes ses forces, à retrouver l'Unité primordiale de la Matière et de l'Esprit. »

Tout cela, me répétais-je, il faut que je l'écrive dès cet après-midi. Et, pour m'assurer que ce n'était pas un rêve, je partis déjeuner à l'Alwyya Club, sur Sadoun, la grande avenue de Bagdad : j'avais une folle envie de renouer pour un moment avec le « concret » d'un bon déjeuner !

Connaissance de l'Esprit

On a dit parfois que je « poussais » l'Esprit dans ma Physique. Je ne crois pas que cela soit exact. Ce qui est vrai, c'est que j'ai toujours eu, en toile de fond à ma Physique, l'idée que la représentation de l'Univers ne sera pas achevée tant qu'il manquera, dans cette représentation, l'Esprit lui-même. L'Esprit, cela devrait être évident pour chacun, même pour un scientifique, est une part importante de l'Univers : comment donc vouloir représenter l'Univers sans lui ? C'est pourquoi j'ai toujours été ébranlé, depuis mon très jeune âge, par la prévision de Pierre Teilhard de Chardin dans son dernier livre, *Le Phénomène humain* : « Le moment est venu de se rendre compte qu'une interprétation, même positiviste, de l'Univers doit, pour être satisfaisante, couvrir le dedans, aussi bien que le dehors des choses — l'Esprit autant que la Matière. La vraie Physique est celle qui parviendra, quelque jour, à intégrer l'Homme total dans une représentation cohérente du monde. »

On m'a souvent fait remarquer, comme on l'a sûrement dit à Teilhard, qu'il ne faut pas être trop pressé, que chaque chose vient en son temps, et que l'Esprit sera sans aucun doute « un jour » représenté en Science : mais, actuellement, nous manquons encore d'éléments pour parler « scientifiquement » de l'Esprit sans faire appel, simultanément, à des notions « mal définies », des notions qui appartiennent plus au langage de la spiritualité ou de la métaphysique qu'au langage de la Science. Et l'on sait comme la Science craint ce qui « sent », même de loin, la métaphysique ! Je reconnais ne jamais avoir souscrit à ce type de raisonnement qui déconseille de « mêler » actuellement l'Esprit à la Science, car il me paraît complètement faux. Rien ne me semble plus « urgent » que de tenter de déduire de nos connaissances, quel que soit le niveau de celles-ci, les éléments de l'Esprit et de son fonctionnement. D'ailleurs, nos connaissances ne seront-elles pas « toujours » en progression, et de plus en plus vite ? Et va-t-on se résoudre à éternellement attendre pour commencer l'étude en profondeur de l'Esprit ? Peut-on d'ailleurs se permettre *d'attendre* une meilleure connaissance de la représentation de l'Esprit pour écrire quelque chose de « garanti » par la Science, alors que la Science est un produit direct de l'Esprit ? Stendhal n'a-t-il pas écrit très justement : « Nous voyons les choses telles que notre tête les peint : il faut donc connaître cette tête. » L'étude de l'Esprit devrait donc être la « priorité numéro un » de la Science.

C'est contre cet aspect que je m'élève : on refuse généralement, chez les scientifiques « traditionnels », de considérer l'étude de l'Esprit comme une véritable Science, on est notamment très « parcimonieux » (c'est le moins qu'on puisse dire) pour accorder des crédits à une telle recherche... alors que l'Esprit devrait faire l'objet d'une connaissance *de base* essentielle.

J'ai pour ma part été très tôt intéressé par la connaissance de l'Esprit. Quand, alors jeune ingénieur de l'École de Physique et de Chimie de Paris, j'eus la chance de bénéficier d'une mission de cinq ans aux États-Unis (un pays plein d'idées neuves à découvrir, immédiatement après la guerre qui nous avait séparés si longtemps du Nouveau Monde), je me souviens m'être tourné autant vers les progrès scientifiques accomplis par les sciences de la Nature que vers ceux relatifs à la connaissance du fonctionnement de l'Esprit. Mais il faut cependant souligner deux aspects vers lesquels se sont immédiatement dirigées mes recherches.

Tout d'abord, le grand problème du fonctionnement *de l'Esprit* : a-t-on obtenu du nouveau aux USA sur la manière dont on pense, j'entends la façon dont on communique l'un avec l'autre, et aussi la manière dont sont reliés entre eux les éléments du cerveau, comme les neurones, les synapses ?... Et « quid » de la pensée proprement dite, cette pensée qui m'a toujours paru d'un autre ordre, d'un ordre « non matériel » ? Où « se loge » la pensée, alors qu'on sent bien qu'il n'y a pas pour le moment, en Science, de place appropriée qui lui serait réservée pour la décrire ? Et pourtant, la pensée, qui joue un rôle si important dans l'Univers, il faut bien qu'on puisse la représenter quelque part, si on veut commencer à la faire entrer dans le domaine de la Science.

D'un autre côté, je m'intéressais sans aucun doute à la structure matérielle *de notre Univers*, des atomes aux étoiles, un aspect auquel j'étais préparé par mes études universitaires en Physique et Chimie. Je me souviens comment, dès l'abord, je me suis senti attiré par la Physique théorique, et notamment par tous les travaux d'Einstein. Je sentais confusément qu'il ne convenait pas de séparer les deux types de recherches, celles sur l'Esprit et celles sur l'Univers. Plus même, je sentais (à tort ou à raison) que la connaissance de l'Esprit nous apporterait des éléments indispensables dans l'étude de l'Univers matériel. Je ne me doutais pas encore que la Matière et l'Esprit étaient tellement liés entre eux qu'il nous faudrait avancer en Science en dégageant finalement la notion de « Psychomatière ».

Je vais m'efforcer de raconter le cheminement de mes recherches, jusqu'au point où elles sont arrivées maintenant (1988), à la fois sur l'Esprit et sur la Matière. Et nous commencerons par examiner mes recherches sur l'Esprit.

Le Dedans des choses de Teilhard

Teilhard de Chardin, étudiant vers le milieu de ce siècle, en paléontologiste qu'il était, l'évolution du Vivant sur la Terre, a été conduit « à conjecturer dans tout corpuscule de Matière l'existence rudimentaire (à l'état d'infiniment petit, c'est-à-dire d'infiniment diffus) de quelque psyché » (*Le Phénomène humain*).

Cette « psyché », Teilhard la nomme le Dedans des choses. Il y aurait donc, selon lui, dès le niveau du corpuscule élémentaire formant tout atome de Matière (proton, neutron, électron), un aspect extérieur (le Dehors des choses), susceptible d'être décrit par notre Physique habituelle de la Matière, et aussi un aspect « intérieur », irréductible à l'aspect matériel seul, et qui aurait donc jusqu'ici échappé à la représentation de la Physique.

Ce Dedans des choses aurait été, d'après Teilhard, le moteur capable d'édifier les premières structures vivantes. Cependant, le passage du corpuscule élémentaire, même avec son Dedans, à la structure vivante plus complexe, telle qu'une cellule par exemple, marque déjà pour Teilhard le franchissement d'un *seuil*, avec une variation qualitative des propriétés du Dedans, et pas seulement quantitative.

Cette notion de seuil va jouer un grand rôle chez Teilhard. Entre le Vivant formé d'un assemblage de cellules vivantes (comme l'animal ou le végétal) et l'Homme, il y aurait notamment eu, selon Teilhard, franchissement d'un nouveau seuil du Vivant, avec la naissance de la pensée humaine, pointe actuelle de l'évolution.

Teilhard, qui est un prêtre jésuite, et qui est en principe « obéissant » à Rome, insiste bien sur le fait que l'Homme représente un changement *qualitatif* de la nature du Dedans de la Matière qui le constitue, qui traduirait le passage du vivant au pensant.

Teilhard suggère cependant que, dans le futur, il y aurait un phénomène pensant toujours en progrès : on irait vers une sorte de psychisme « total », que Teilhard nomme la noosphère (sphère de la pensée) pour notre Terre, avec convergence finale à l'échelle de l'Univers entier vers un certain « point oméga », summum psychique que Teilhard identifie à Dieu, c'est-à-dire à l'image que lui offre à ce sujet sa propre conviction religieuse.

Je me souviens encore de la profonde impression qu'avait produite sur beaucoup d'entre nous la diffusion de cette conception de Teilhard relative au « psychisme » de la Matière, lorsque ses écrits commencèrent à être diffusés, vers 1955, alors qu'il venait juste de mourir. J'étais alors au Commissariat à l'énergie atomique où, dans un petit cercle d'amis, nous discutions avec passion de ce que pouvait signifier, pour nous, physiciens, les idées de Teilhard.

Ce que Teilhard nous apportait n'était pas si neuf, en définitive : le Dedans des choses de Teilhard n'est pas si différent du « Nous » d'Anaxagore, qui dans la Grèce antique était associé à chaque grain de Matière et guidait cette Matière dans son comportement. Et Thalès, il y a plus de vingt siècles, nous précisait lui aussi que « toutes les choses sont pleines de dieux », ce qui est cette même idée d'une sorte de psyché qui animerait la substance matérielle. Plus près de nous, il y a moins de trois cents ans, c'est Leibniz qui nous propose ses monades, qui entreraient dans la constitution de tous les êtres et prêteraient à leur Matière leurs propriétés psychiques.

Mais Teilhard donnait à cette idée, intuitivement ressentie tout au long des siècles, un contexte qui la replaçait d'emblée dans la connaissance contemporaine, en Physique et en Biologie. Depuis Newton le monde de la Science tendait à s'isoler de plus en plus du monde des problèmes fondamentaux de la Métaphysique, par excellence le domaine de l'Esprit. Or, il est bien évident que l'Homme est un « animal métaphysique », comme on l'a dit, et que les problèmes métaphysiques sont pour lui des problèmes essentiels, sur lesquels il désire être éclairé. Et pourquoi la Science ne viendrait-elle pas apporter ses lumières pour aider à la solution des problèmes métaphysiques ? Pourquoi la Science, qui est après tout faite pour l'Homme, prétendrait-elle (avec certains scientifiques au moins) vouloir éviter dans son développement d'aborder la Métaphysique, qui comprend les problèmes fondamentaux posés à la nature humaine ?

Teilhard ne se contentait d'ailleurs pas de rapprocher Science et Métaphysique. Il affirmait, avec son Dedans des choses, que la compréhension du comportement des objets de notre Univers *matériel*, thème de prédilection des recherches des physiciens, ne pouvait progresser indéfiniment sans, à un certain moment, incorporer dans sa description le Dedans des choses. À une certaine étape de la Connaissance, on sera obligé d'étendre le langage de la Physique, et naturellement celui de la Biologie, pour ouvrir leur horizon à ce que Teilhard englobait, pour le moment, sous l'expression générale de « Dedans des choses ».

Le facteur entropique

J'ai été, et je reste, un teilhardien convaincu : mais dans le même sens que je suis un einsteinien convaincu, non pas pour répéter vingt ou trente ans après Teilhard ou Einstein comment ils voient l'Univers, et ce que ces chercheurs ont écrit à ce sujet, mais pour faire de leurs idées de base une fenêtre pour considérer nos connaissances actuelles, en Physique comme en Biologie. Je désire, si c'est possible, *prolonger* ces idées, qui marquent pour moi une direction de recherche, mais non pas naturellement l'aboutissement définitif de la recherche sur le sujet. Il est bien certain que Teilhard, comme Einstein, n'aurait pas simplement répété vingt ans après ce qu'il affirmait au moment où il disparaissait. Il faut donc, au contraire, chercher à donner des ailes à la pensée de Teilhard pour lui permettre de voler toujours plus haut, et non pas la distiller mot à mot comme s'il s'agissait des Évangiles. Il faut notamment essayer de lever les difficultés que Teilhard a pu rencontrer quand il s'est efforcé de préciser ce qu'il entendait par « Dedans des choses », et donner à cette expression une équivalence qui puisse se traduire dans le langage de la Physique, ou celui de la Biologie.

Pour Teilhard, ce Dedans des choses se déduit *logiquement* de la considération de toute l'évolution de notre Univers : impossible de concevoir ce passage de la Matière inerte au Vivant, nous dit Teilhard, ni du Vivant au Pensant, sans supposer qu'existe dès la particule élémentaire « quelque chose » qui, en quelque sorte, « contemple sa propre action » et peut la « guider » pour la faire aller, peu ou prou, vers un futur qu'elle désire rejoindre. Comme l'avait remarqué déjà René Descartes, c'est même ceci qui paraît pouvoir distinguer la Matière inerte de la Matière vivante : la Matière inerte peut « savoir » (elle peut mémoriser des faits du passé) mais elle ne peut pas « savoir qu'elle sait » (elle ne peut pas juger ce qu'elle a mémorisé dans le passé, et décider alors, dans l'instant présent, de son comportement dans le futur). La Matière vivante, comme l'avait noté aussi Jacques Monod, est capable de préparer un *projet* pour le futur. Ce serait une grossière erreur, comme on l'a pourtant dit parfois, de prétendre qu'un ordinateur pourrait en faire autant : l'ordinateur a un comportement choisi à l'instant présent dans le futur si ce comportement a déjà été prévu *dans le passé.*

C'est ceci qu'on nomme le « facteur entropique », et qui caractérise le Vivant par rapport à la simple Matière inerte. C'est d'avoir l'initiative nécessaire pour juger du passé afin d'« inventer » le comportement futur. On appelle cela le facteur entropique, ou parfois le facteur « néguentropique », la néguentropie n'étant que l'entropie changée de signe. Cependant, et malgré le fait que je reconnaisse avoir utilisé jadis le terme « néguentropie » dans mes écrits, je propose de ne plus jamais le faire maintenant, et d'utiliser le mot entropie seulement à sa place (puisque, aussi bien, la néguentropie est simplement l'entropie changée de signe); et je préfère prendre la peine de changer un signe devant un mot s'il le faut, plutôt que de risquer de nous égarer dans une question où, on va le voir, on a intérêt à y voir le plus clair possible. Soit dit en passant, les Anglais et les Américains ont été plus avisés que nous, puisque le mot « néguentropie » n'existe pas dans leur langue.

Quelle est l'importance, en Physique comme en Biologie, de ce facteur entropique? Une loi fondamentale de la Matière inerte est de ne pas pouvoir retourner le sens de l'écoulement du temps, et ceci se traduit mathématiquement par le fait qu'une quantité, qu'on nomme l'entropie, ne peut jamais diminuer, mais seulement demeurer constante ou augmenter. Ce qu'il faut retenir, c'est que pour la Matière « inerte », telle que la considère la Physique, l'entropie, comme le temps, ne va jamais « à reculons », son rythme peut éventuellement s'arrêter pour un observateur donné, mais il ne peut pas régresser.

Où est donc alors le problème avec l'entropie, car problème il semble y avoir? Après qu'on a dit que l'entropie ne pouvait jamais diminuer en ce qui concerne l'Univers de la Matière inerte, on constate que c'est *faux* pour la Matière vivante. Et ce n'est pas rare : la Matière vivante, étant donné qu'elle est capable (contrairement à la Matière inerte) d'avoir de l'initiative dans son comportement (c'est-à-dire d'édifier des « projets »), fait preuve d'une entropie qui ne peut *jamais* augmenter, contrairement à l'entropie de la Matière inerte. Cela peut d'ailleurs nous permettre aussi de distinguer la Matière inerte de la Matière vivante : la première possède une entropie qui croît, la seconde une entropie qui décroît.

Mais une difficulté surgit qui alors est celle-ci : étant donné que l'entropie croissante correspond à un temps dans l'espace orienté du passé vers le futur (nous dirons un temps positif), alors l'entropie décroissante correspond nécessairement à un temps dans l'espace orienté du futur vers le passé (nous dirons un temps négatif, pour le distinguer du premier, le temps « ordinaire »). Mais où est ce temps négatif ? Il serait, ai-je dit, celui où évolue la Matière vivante : mais le temps ne peut avoir deux sens à la fois, c'est-à-dire être à la fois positif et négatif, au moins dans le même espace. Il faudrait donc que l'espace de l'Univers soit séparé en deux : une région où se localise le temps positif ordinaire, auquel nous sommes habitués, allant exclusivement du passé vers le futur, le temps de la Matière inerte ; et une région où se localise le temps négatif (que nous nommerons antitemps), auquel nous ne semblons pas habitués car il paraît avoir un signe contraire de l'autre... mais auquel, d'un autre côté, nous sommes aussi habitués : car qu'y a-t-il de plus répandu que la Matière vivante ?

Teilhard s'est sans aucun doute posé ces questions, et on les sent surgir quand il dit que la Matière doit avoir non seulement un « Dehors », mais encore un « Dedans ». Il y aurait donc deux faces à la Matière, un dehors et un dedans, la première face contenant les propriétés physiques habituelles, la seconde des propriétés « psychiques » que Teilhard propose comme étant une caractéristique de *toutes* les particules de Matière de l'Univers.

Cela voudrait-il signifier que *toutes* les particules de Matière auraient un « Dedans » psychique, au moins à l'état élémentaire ? Mais, dans ce cas, il n'y aurait pas de Matière véritablement inerte, toute Matière aurait une certaine « psyché », donc serait « vivante » dans la terminologie habituelle ? Un Univers entièrement « vivant » viendrait ainsi se substituer à l'ancien Univers matériel. On comprend que Teilhard, même si son approche n'est pas tellement nouvelle dans l'histoire de la connaissance, nous l'avons vu, présente une conception cependant « révolutionnaire » à notre époque, une époque où on a un peu oublié le Vivant par rapport à la Matière inerte dans l'Univers, et où les scientifiques (comme Jacques Monod ou Jean Rostand par exemple) venaient essayer de nous convaincre qu'une vue « objective » de ce que l'on sait est de dire que nous sommes très probablement *les seuls* vivants de l'Univers, isolés sur cette minuscule Terre.

Il est vrai qu'au moment où Teilhard nous présente ses conceptions, c'est-à-dire vers 1955, et pour « séduisantes » que puissent paraître ces conceptions à certains, celles-ci demandent pourtant à être étayées plus scientifiquement que par de simples idées. Car ce Dedans des choses n'est alors guère plus qu'une « belle » idée. Teilhard a cherché, toutefois, à commencer à associer ce mot de « Dedans » à une énergie particulière, qu'il nomme l'énergie radiale (pour la différencier de l'énergie physique ordinaire, qu'il nomme l'énergie tangentielle) : mais il n'a pas été beaucoup plus loin, et n'a finalement fait que remplacer un mot mystérieux (énergie psychique) par un autre mot tout aussi équivoque (énergie radiale). Qu'est-ce que l'énergie radiale, quelle est son expression mathématique en Science actuelle ? En particulier, comment pourrait-on concevoir en Physique que notre Univers comporte *deux* faces enfermant deux espaces complètement séparés, de façon à pouvoir envisager que l'Univers puisse comprendre deux temps distincts, un temps « ordinaire » et un « antitemps », la Matière vivante se situant dans l'espace de cet antitemps ?

La réponse à ces questions devrait peut-être être demandée moins à la Biologie qu'à la Physique, plus habituée pour sa part à traiter de « modèles » d'Univers, et de mathématiques (cela ne veut pas être « péjoratif » pour les biologistes, mais semble être un fait !).

Allons donc jeter un coup d'œil du côté des physiciens, et voir où ils en sont de leurs recherches sur l'Esprit en cette fin du deuxième millénaire.

La représentation de l'Univers

L'Univers n'évolue pas seulement au cours de la durée, depuis ce qu'on nomme un « commencement », comme tenteront de nous le conter les modèles cosmologiques que les physiciens proposent de cet Univers.

La représentation de l'Univers utilise des outils mathématiques qui sont différents d'une époque à l'autre, des outils tellement nouveaux parfois qu'un « Ancien » aurait du mal à reconnaître dans la nouvelle représentation l'Univers qu'il avait connu jadis. C'est ce que je voudrais nommer les « postulats » (ou les présupposés) de la représentation de l'Univers. Ces postulats sont très importants car ils nous évitent en particulier l'erreur de croire qu'on est capable d'obtenir une représentation « absolue » de l'Univers. La représentation est toujours « relative », relative aux postulats que nous avons acceptés. Sans postulats, pas de représentation.

Ce sont ces postulats que nous allons commencer par examiner, et tenter de dégager en particulier l'image à laquelle j'ai moi-même été conduit au cours des récentes années.

1. *L'Univers « n'est » pas : il est ce que je pense de lui*

Il y a un peu plus de trois siècles l'Univers était dit avoir été « créé » par Dieu, et avait donc une origine que l'on situait au moment de cette création, soit, suivant les écrits de la Bible, il y a un peu plus de six mille ans. Mais, au début de notre siècle, les astronomes commencèrent à scruter plus minutieusement cet Univers (ou en tout cas à l'examiner avec la technique améliorée dont ils disposaient à l'époque) et trouvèrent que l'Univers datait d'au moins plusieurs centaines de millions d'années. Vers le milieu du siècle on s'aperçut qu'on s'était de nouveau trompé : une image plus fidèle de l'Univers était de le supposer pour l'instant en expansion, et de toute manière avec un « âge » qui se chiffrait en milliards d'années, au moins 16 à 18 milliards. Alors, en définitive, quel âge a actuellement notre Univers ?

Cet âge dépend en fait de ce que les postulats de notre Savoir, qui constituent notre Science, vont nous dire à son sujet. Il nous est déjà difficile de retracer exactement un événement historique, car la culture est rarement complètement « objective », et ne va pas hésiter parfois à donner de l'Histoire une vue un peu « tendancieuse », venant simplement « confirmer » l'idée qu'une génération se fait de « ce qui s'est passé » : alors, comment n'en serait-il pas ainsi pour l'Histoire de l'Univers, elle qui ne va pas s'appuyer uniquement sur les faits (puisque personne n'était là pour les vivre), mais sur « l'idée » que la Science se fait de ces faits ? Peut-on un instant croire que l'évolution de notre Savoir va s'arrêter un jour, et douter que l'image de notre Univers sera, dans quelques milliers d'années, très différente de celle d'aujourd'hui, et même différente au point de ne pas être reconnaissable ? Et qu'en sera-t-il dans quelques millions d'années ? Paraphrasant Bossuet, qu'est-ce que quelques millions d'années par rapport à l'âge de notre Univers ? Bien sûr, quand il s'agit de savoir si demain matin nous trouverons comme à l'habitude notre petit déjeuner, et pourrons donc « reconnaître » ce monde que nous avons quitté pour un instant hier soir, à notre coucher, cela va encore : mais quand il s'agit de se hausser au niveau de l'Univers entier, il n'en est plus question. Et je pense qu'il est sage de dire alors, comme l'aurait dit le philosophe-abbé Berkeley, que l'Univers « n'est pas », mais est à chaque instant ce que nous pensons de lui à cet instant. Et tant pis pour les « matérialistes », qui ont longtemps cherché à réfuter cette opinion (qu'ils qualifiaient d'« idéaliste ») : il faudra bien nous y faire, notre Connaissance actuelle ne permet plus de se représenter l'Univers autrement que de cette manière — c'est-à-dire une représentation qui est dans son essence « provisoire », car elle varie nécessairement avec le temps.

2. Le théâtre de l'Univers est le théâtre de l'Esprit

Une idée un peu analogue, car elle va dans le même sens, est celle-ci :

Évitons de nous cantonner à l'image que se forme l'Homme de l'Univers qui l'entoure, pour tenter d'imaginer à la place l'image de l'Univers que peut percevoir *un autre* être vivant, un lapin ou une puce, par exemple : ou, mieux encore, une rose. On objectera que ces êtres vivants n'ont pas un système sensoriel semblable au nôtre, et perçoivent sans aucun doute autrement l'Univers : mais je ne peux guère douter cependant qu'ils perçoivent bien un Univers, puisqu'ils réagissent au monde qui les entoure. Je soupçonnerais d'ailleurs que cet Univers doit avoir quelques points de ressemblance avec celui que nous percevons nous-mêmes, puisque nous parvenons souvent à « nous mettre d'accord » sur les formes que nous percevons, mon chien et moi, ou le corbeau et moi.

À vrai dire, je me range cependant à l'avis de mon ami Henry Skolimowski, professeur de philosophie à l'université d'Ann Arbor, dans le Michigan : l'Univers que nous percevons, qu'on soit végétal, animal ou humain, dépend de notre *système sensoriel*... de telle sorte que, tous autant que nous sommes, nous ne percevons pas un Univers « objectif », mais un Univers qui dépend de nos sens à chacun : mon chien ne percevra pas le même Univers que moi, les couleurs et les odeurs seront par exemple pour lui différentes que pour moi. Et, en tout cas, je n'aurai aucun moyen de m'assurer que ce qu'il perçoit est identique à moi. Je veux bien accepter qu'il puisse y avoir une « ressemblance » entre nos deux Univers, mais ces Univers ne sont certainement pas *identiques*. On le concevra d'autant plus que je me comparerai, au point de vue de la perception de l'Univers, à un être vivant plus différent de moi, par exemple, comme je l'ai proposé, une puce ou encore une rose. Maintenant, quel est l'Univers véritable ? Qu'est donc ce qu'on nomme « l'Univers » ? Autre question, un peu différente : quel serait l'Univers que voit, sur une autre galaxie lointaine, un être *plus évolué* que moi dans la connaissance ? Je peux répondre que je n'en sais rien : mais je ne me hasarderai pas en tout cas à dire que cet être voit « le même » Univers que moi, et donc que nous percevons, lui et moi, un Univers à représentation unique. Je ne voudrais en particulier pas soutenir que « c'est moi », l'Homme de la planète Terre, qui suis le seul à voir l'Univers « vrai » : il me suffirait, pour m'en convaincre, de m'adresser à l'aveugle ou au sourd du coin de la rue, et lui demander son avis.

Henry Skolimowski a donc raison, il faut corriger notre terminologie, au moins si l'on veut s'exprimer philosophiquement ou scientifiquement (c'est, en principe, la même chose). Nous vivons dans un Univers qui est l'Univers *de nos sens*, c'est-à-dire le « théâtre de notre Esprit » (c'est le titre d'un ouvrage publié aux USA par Skolimowski) ; nous n'avons pas la possibilité de vivre dans un autre type d'Univers, même si nous le désirions. Je voudrais bien voir, au moins un instant, ce que voit mon chien de l'Univers : mais ce n'est pas possible, il vit dans un autre Univers, parce que ses sens lui procurent des perceptions qui sont différentes des miennes... et que je n'ai aucun moyen de connaître.

Je peux cependant m'interroger à ce sujet, comme l'avait fait Teilhard de Chardin, et imaginer qu'il y a une « continuité » dans le Vivant, que le « plus complexe » est créé à partir du « moins complexe », en d'autres termes qu'il y a franchissement de « seuils » au cours de l'évolution, mais cependant une certaine continuité de la « complexité » : on peut, par exemple, voir cela en le symbolisant par une image télévisée. Le paysage extérieur que « voit » la caméra est toujours le même, quel que soit le modèle de caméra que j'utilise, mais l'image de ce paysage que la caméra de télévision projette sur l'écran est différente d'une caméra à une autre, elle dépend, par exemple, du nombre de points que la caméra sera capable de retenir de l'image, telle caméra ne retiendra que la moitié du nombre de points de l'autre, et il en résultera que les deux caméras, tout en examinant le même paysage, projetteront sur l'écran des images qui se ressembleront, mais dont l'une sera pourtant moins précise que l'autre. En définitive, si l'on veut répondre avec d'autres arguments que « qualitatifs » à la question de la manière dont les êtres vivants perçoivent l'Univers, y compris les êtres vivants humains, il nous faudrait savoir comment nous *mémorisons* nos perceptions, et plus généralement comment nous mémorisons nos pensées. Et comment, par ailleurs, peut-on *représenter* la « mémorisation » animale, ou végétale, par rapport à la mémorisation humaine ?

Nous allons voir que la Relativité complexe, sur laquelle je travaille, a des réponses intéressantes à proposer à ce sujet ; mais commençons à chercher à poser correctement les questions, ce sera sans aucun doute le premier pas en direction des réponses.

Les deux approches de l'Univers : la Raison et l'Intuition

Depuis que le monde est monde la pensée humaine a toujours soupçonné qu'elle avait deux manières différentes d'approcher l'Univers : la Raison et l'Intuition. Mais ce qui sans doute crée depuis toujours une difficulté sérieuse, c'est qu'autant il est facile de définir la première, autant il est difficile de préciser ce qu'est la seconde.

L'Intuition, vous diront ceux qui la ressentent, c'est précisément ce qui ne peut se traduire en mots, ce qui est personnel et ressenti seulement en termes de sensations, ce qui est incommunicable à autrui. Les mystiques sont familiers de cette sensation ou ce sentiment : ils « sentent » directement l'Univers, vous diront ceux qui perçoivent l'Intuition ; mais si on leur demande de préciser ce qu'ils sentent, ils diront qu'ils en sont incapables. Ils n'ont aucun doute sur le fait de percevoir « quelque chose », mais ils ne peuvent traduire cela en langage, quel que soit ce langage. Ce qui paraît le mieux traduire l'Intuition est le silence, car dès qu'on tente de préciser on conclut que les mots du langage sont dans l'impossibilité de traduire fidèlement l'Intuition, que c'est « autre chose ».

Au contraire, la Raison, même dans sa signification la plus large, peut être définie avec précision. Car la Raison, dans son essence, utilise *la mémoire.* Nous reviendrons un peu plus loin sur le concept de mémoire, et l'on verra que la connaissance de la structure de la mémoire est ce qui va nous faire faire le plus grand pas sur le chemin de l'unification en Physique. Mais, d'ores et déjà, on sait ce qu'est faire « acte de mémoire », c'est une action que chacun est capable de définir avec précision : c'est être conscient qu'un événement a eu lieu dans notre passé, et l'action de « ramener » cet événement dans notre conscient dans l'instant présent. Cette opération va être une grande ligne de force du psychisme, et Teilhard insistera sur le fait que ce psychisme est, quoique à des degrés divers, une caractéristique de tout le Vivant. Nous irons plus loin que lui encore, puisque nous montrerons par le chemin de la Physique que c'est une caractéristique *de toute la Matière* (ce qui revient à dire que « tout » l'Univers de Matière est « vivant »). Cela veut dire aussi que la Raison est une propriété de toute la Matière de l'Univers, depuis le niveau du plus élémentaire, donc dès la dimension des « particules » les plus simples qu'étudie la Physique. Dans cette optique, et notamment dès qu'on accepte que la mémoire puisse être une propriété qui existe *chez toute* la Matière, il n'y a pas de véritable difficulté à admettre que la Raison est une propriété de la Matière elle-même.

Il n'en va pas de même, avons-nous déjà remarqué, de l'Intuition. Je pourrais même dire que, généralement, plus la Raison est présente, plus il semble difficile d'admettre l'Intuition ; un peu comme si la Raison rendait inacceptable l'Intuition. Et on comprend pourquoi : regardons un familier de l'Intuition, le professeur de philosophie de l'université de Tokyo Toshihito Izutsu. Il va nous dire ceci, à titre d'exemple qu'il proposera lui-même du fonctionnement de l'Intuition : « Une fleur est une fleur, mais cependant elle n'est pas une fleur ; une fleur est même le contraire d'une fleur ; et d'ailleurs, une fleur, tout en étant une fleur, et aussi le contraire d'une fleur, n'est à vrai dire rien. »

J'ai essayé de dire cela à certains de mes collègues occidentaux, qui sont cependant d'éminents physiciens : après m'avoir regardé (de travers) un moment, ils n'ont pas hésité à me dire que « ça ne semblait pas tourner rond » ; les plus gentils m'ont fait remarquer que je devais me tromper, que personne de « sensé » ne voudrait dire cela. Et pourtant, mesdames et messieurs, plus de la moitié de la Terre (la part orientale de notre planète) comprendrait non seulement que c'est une affirmation pleine de sens, mais que cette affirmation est capable d'aller là où la Raison seule ne peut pas aller... et qui est cependant une région importante de notre Univers.

Dans la préface à cet ouvrage j'ai dit comment l'Intuition pouvait, à mon sens, apporter des lumières sur un problème qui nous touche beaucoup, à savoir celui de la Mort. Mais j'ai dit aussi que cette Intuition était « silencieuse », c'est-à-dire ne pouvait s'exprimer dans aucun langage, et restait de nature « transcendante ». D'un autre côté, j'ai précisé que la Raison était toujours « relative », et relative aux présupposés nécessaires à tout « raisonnement ». Alors, comment approcher les plus difficiles problèmes que nous pose l'Univers, comme celui de la Mort ? J'ai proposé la « pensée paradoxale », illustrée par ce que vient de nous laisser apercevoir le philosophe japonais Izutsu, une pensée paradoxale qui est à la fois la marche la plus haute de la Raison et la marche d'accès à l'Intuition. La pensée paradoxale consiste à définir dès le départ l'existence d'une chose, son « identité », comme étant à la fois elle-même et tout le reste de l'Univers sauf ce qu'on vient d'appeler « elle-même ». Cette chose est donc à la fois elle-même et « le reste », notamment *son contraire*. Il est vrai que c'est un langage qui, au premier abord du moins, n'est pas facile à comprendre, notamment à nous autres Occidentaux, si habitués que nous sommes à voir couronner la Raison « raisonnable ». Ai-je pourtant besoin, dans notre monde vacillant, de démontrer une nouvelle fois (voir mon dernier ouvrage) que la Raison, poussée à ses extrêmes, aboutit paradoxalement à la « dé-raison », c'est-à-dire à la contradiction ? Et cela *toujours*, et non pas une fois de temps en temps. La Raison (Gödel) est contradictoire dès qu'on pousse ses « raisonnements » un peu loin. Dans ces cas, ne serait-il pas préférable de lui substituer au moins la pensée paradoxale, qui est le chemin de l'Intuition et va plus loin que la Raison seule ?

L'unification par le chemin de la Physique

Je viens de dire tout l'arrière-plan philosophique qui constitue la base de mes idées sur la représentation de l'Univers. Il faut bien comprendre que, même si je n'ai pas ici détaillé l'évolution de mes idées au cours des trente dernières années, il y a eu sans aucun doute « évolution », et je suis loin d'être arrivé tout de suite aux conclusions que je viens de retracer : cela a pris beaucoup de temps et, comme toute chose, a demandé beaucoup de retours en arrière. Je suis d'ailleurs certain que (si Dieu me prête vie, comme au petit poisson) ces idées évolueront encore (heureusement).

Je voudrais rappeler ici ce qui me paraît avoir été, au cours de ces années de recherche, les progrès les plus notables accomplis dans le formalisme de la représentation de l'Univers, progrès que j'ai rassemblés dans ce qui constitue maintenant « la Relativité complexe ». Là aussi ça s'est fait lentement, très lentement, j'ai déjà dit qu'Aristote lui-même avait remarqué que les Hommes (les « scientifiques » compris !) sont aveugles devant les choses les plus simples... et que Einstein lui-même remarquait que « les moulins de la Science sont des moulins qui sont longs à moudre ». On ne peut imaginer combien il faut s'égarer sur des chemins qu'on sera plus tard obligé d'abandonner pour, à la fin, avoir l'impression qu'on a tout de même fait un tout petit pas sur un sentier où l'on se sent enfin marcher, un sentier où l'on croit pouvoir poursuivre. Mais, par contre, quand on découvre ce petit chemin sur lequel on veut continuer de progresser, c'est comme le soleil qui viendrait tout à coup éclairer nos pas, au point qu'on ne peut alors plus guère douter que « c'est cela » la bonne direction. Mais, Dieu, que c'est parfois long, et comme il faut beaucoup d'angoisses pour faire une seconde de joie !

Je crois (et je m'aide pour cela des nombreux livres que j'ai publiés au cours des années) que *l'essentiel* des idées neuves qui ont marqué mon chemin peut se limiter à quatre :

1. Ouvrir l'espace de notre Univers à une représentation de l'*Imaginaire*, à côté de l'ancien espace

einsteinien (que je nomme maintenant le Réel). Faut-il répéter une fois encore que la représentation de l'Univers *n'est pas* une image « absolue » de l'Univers : nous ne prétendons donc pas ajouter l'Imaginaire au Réel parce que l'Univers « serait ainsi » de manière absolue, mais simplement parce que ce nouvel espace nous a paru nécessaire pour « rassembler » dans un cadre unificateur toutes nos connaissances actuelles.

2. Il en est de même du second aspect nouveau que nous avons introduit : celui d'avoir l'énergie de l'Univers à la fois *positive et négative*, de manière que l'énergie totale contenue dans l'Univers soit à tout instant *nulle*. Certes, ceci nous rappelle que la pensée orientale nous avait dit jadis que l'Univers était formé des « avatars » du Yin (négatif) et du Yang (positif), et que ces deux énergies se compensaient exactement l'une l'autre de manière à former un total nul (le Néant). Mais nous n'attachons aucun aspect « absolu » à ces notions, pas plus aux énergies des deux signes qu'au Yin et au Yang. Nous avons introduit des énergies des deux signes se compensant exactement parce que cette notion nous servait à rassembler dans un cadre unitaire nos connaissances actuelles, tant cosmologiques que particulaires. Existe-t-il « de manière absolue » des énergies des deux signes ? La question n'a pour moi aucun sens. Demain la représentation pourra être tout autre, si un autre cadre nous apparaît comme utile pour rassembler nos connaissances. La Science pourra, par exemple, être écrite en notes de musique. Encore une fois, notre représentation « scienti-

fique » de l'Univers est relative aux postulats que nous avons acceptés pour « unifier » nos connaissances, elle n'est *jamais* absolue.

3. Le troisième aspect nouveau concerne le temps à l'échelle de l'Univers entier : l'unification nous a conduit à penser qu'il y avait lieu de faire une différence fondamentale entre *l'âge et le temps* à l'échelle de l'Univers entier. D'une manière plus précise, notre représentation de l'Univers est telle que nous devons conclure que nous voyons tout autour de nous un espace cosmologique qui a le même âge que nous. On conçoit que ceci « bouleverse » quelque peu notre vision de l'Univers, puisque la Relativité d'Einstein nous avait expliqué « que plus on regarde loin dans l'espace, plus l'Univers est jeune », au point qu'on sera probablement un jour capable de « voir en direct » le commencement de notre Univers.

4. Enfin, quatrième aspect très nouveau, notre langage de représentation va suggérer que non seulement les humains, mais tous les êtres vivants, et plus généralement toute la Matière de l'Univers, possèdent (ce que l'on savait déjà) un Univers « extérieur » (l'espace immense qui nous entoure), mais encore un *Univers « intérieur »* (un Univers microscopique personnel), qui contient notre Moi. En d'autres termes, l'espace imaginaire introduit en 1. est en fait formé d'une infinité d'Univers personnels, séparés les uns des autres, et où l'on constatera que viennent prendre place des aspects importants de l'être vivant, comme la « mémoire » de chaque particule élémen-

taire de Matière. Je n'ai pas besoin de souligner qu'il s'agit là d'un aspect vraiment *nouveau* en Physique.

Nous allons examiner tour à tour ces quatre aspects nouveaux.

1. *Ouvrir l'espace du Réel à l'Imaginaire*

René Descartes a beaucoup insisté sur l'importance du système de référence pour préciser la forme géométrique de ce que l'on veut décrire.

Prenons, par exemple, le mouvement d'un obus dans l'air, et commençons par supposer qu'on va repérer cet obus par rapport à la bouche du canon qui le tire. Cela ne va pas être facile de se contenter, comme « système de référence », de cette bouche de canon : en effet, l'obus a une trajectoire qui le fait s'éloigner du canon, tout en montant d'abord en altitude, puis en se rapprochant du sol. La distance à la bouche du canon n'est donc pas suffisante pour repérer à tout instant l'obus dans l'espace.

Qu'à cela ne tienne, on va constituer le système de référence par une horizontale passant par la bouche du canon. On aura alors à chaque instant la distance mesurée au sol à laquelle se trouve l'obus. Mais cela ne situe pas encore sans ambiguïté l'obus dans l'espace, il nous manque encore à chaque instant l'altitude au-dessus du sol de l'obus. On complète alors le système de référence par un axe vertical passant par la bouche du canon : on lira maintenant, à chaque instant, sur les deux axes (vertical et horizontal) du système de référence la position précise de l'obus. Pour être complet on pourra supposer qu'il y a du vent, et que l'obus peut s'écarter du plan vertical dans lequel il a été tiré : alors on s'équipera d'un troisième axe de référence, perpendiculaire aux deux premiers et passant aussi par la bouche du canon ; et on aura alors à chaque instant les éléments complets de la trajectoire de l'obus.

J'ai sans doute été un peu long à expliquer, pour ceux qui n'en seraient par hasard pas encore complètement convaincus, combien un système de référence est indispensable pour préciser à chaque instant une forme géométrique quelconque, comme la trajectoire d'un objet en mouvement dont nous venons de parler. C'est vrai des figures géométriques les plus simples, c'est vrai *a fortiori* quand il s'agit de formes mathématiques complexes, comme il arrive de les considérer en Physique. Et le point sur lequel je voudrais insister, c'est que si on ignore l'existence de certains des axes de référence, alors que la figure géométrique nécessiterait la connaissance de ces axes pour être précisée, il va en résulter une indétermination de la forme considérée. Ainsi, si on ne dispose que d'un axe horizontal pour évaluer le mouvement de l'obus, il sera impossible de connaître son altitude au cours du temps, donc de le situer à chaque instant dans l'espace.

Tout ceci pour dire que, quand on veut représenter la forme d'ensemble de notre Univers, il faut pareillement pouvoir disposer d'un système de référence qui aura suffisamment d'axes (on dit de dimensions) pour le représenter *complètement*. Sans cela, que va-t-il arriver ? On va devoir, par nécessité, « tronquer » la représentation, dire par exemple que la forme de l'Univers est un point selon une direction, alors que cet aspect aurait été une ligne étendue si on avait eu les dimensions requises. Il est donc faux de dire qu'on choisira le système de référence de représentation *après* avoir eu connaissance de la forme de l'Univers complet : c'est à l'inverse qu'on procède, on doit *d'abord* prendre un système de référence qu'on saura suffisamment large pour représenter complètement la figure géométrique (ici l'Univers entier) qu'on veut découvrir, et ensuite s'assurer que l'Univers *entier* n'est pas tronqué quand on le représente dans ce système de référence. Mais, dans tous les cas, le choix du système de référence conditionne le modèle d'Univers auquel on va aboutir ; ce choix est fondamental et doit être fait en premier lieu, avant d'examiner à quoi « ressemble » l'Univers.

Maintenant, que veut dire « représentation de l'Univers » ? C'est en fait proposer une image (un modèle, diront les scientifiques) qui contient et éventuellement explique toutes les propriétés que la connaissance actuelle possède. C'est ce qu'on nommera encore un modèle d'« unification » de toutes nos connaissances actuelles. On est loin par conséquent de l'idée que la représentation de l'Univers va consister à dire ou représenter de manière « absolue » comment est constitué l'Univers. On sait aujourd'hui que cette vision « absolue » est impossible, nous n'aurons jamais qu'une vision « relative », et relative aux postulats que nous aurons acceptés pour représenter l'Univers. L'Univers ? Connais pas. Ce que je peux connaître c'est la « représentation » que je suis capable aujourd'hui de donner de l'Univers, mais en étant bien conscient qu'il ne s'agit là que d'un modèle, qui peut être faux demain, et qui sera sans aucun doute faux dans peu de temps (qu'est-ce que demain, qu'est-ce qu'un million d'années...?).

Je suis arrivé aujourd'hui à la conviction que, pour représenter aujourd'hui *complètement* l'Univers, il va falloir « ouvrir » le référentiel d'espace-temps non seulement au référentiel quadridimensionnel habituel (représentant la partie de l'Univers que je nommerai le Réel), mais encore à un référentiel d'espace-temps qui soit capable de représenter le « Moi » de chaque particule de Matière (le « Dedans » de chaque particule, pour employer la terminologie de Teilhard de Chardin). J'ai nommé « Imaginaire » cet espace supplémentaire venant complémenter le Réel. Avant, on avait supposé que l'Univers pouvait tenir complètement dans le Réel seulement. Maintenant, après la Relativité complexe, on constatait que pour représenter ce que nous connaissions de l'Univers, et le représenter de manière « unifiée » (c'est-à-dire en reliant les diverses propriétés les unes aux autres), il allait falloir rapporter ce modèle de l'Univers à un référentiel plus complet, fait *à la fois* du Réel et de l'Imaginaire. Dans un référentiel limité au Réel seul, la représentation se trouvait « tronquée », et donc incomplète.

Ce que la Relativité complexe allait constater, c'est que cet espace complémentaire de l'Imaginaire, capable de représenter le « Moi » de chaque particule de Matière, était curieusement une sorte de

« miroir » du grand Univers cosmologique rapporté antérieurement au Réel seulement. On nous avait dit que « le plus petit était à l'image du plus grand » (ou le contraire), mais la Physique n'en avait pas, semble-t-il, une conscience aussi précise avant la Relativité complexe !

2. Un Univers équivalent au Néant

S'il y a quelque chose qui rend les physiciens et, d'une manière générale, les scientifiques, enclins à ne pas croire à une représentation nouvelle des phénomènes, c'est sans aucun doute que cette représentation, pour qu'elle ait lieu *effectivement*, nécessite de « violer » une loi solidement établie de la Nature.

Je me souviens que ce fut le cas d'un biologiste, Louis Kervran, que j'avais le plaisir de connaître il y a une vingtaine d'années de cela (il est aujourd'hui mort, paix à son âme). Kervran exposait une théorie selon laquelle le Vivant saurait effectuer la transmutation de la Matière, c'est-à-dire transformer les éléments entre eux, par exemple changer le plomb en or. Une poule saurait, disait Kervran, effectuer dans son appareil digestif ces transmutations, des pesées minutieuses l'en avait convaincu. Pourquoi pas ; et, si cela est vérifié, c'est scientifiquement (et aussi économiquement) très intéressant.

Il n'y avait qu'un seul malheur : l'explication que Louis Kervran donnait de ces transmutations « violait » le sacro-saint principe dit de « conservation de l'énergie ». Celui-ci (rien ne se crée, rien ne se perd) est « vieux comme le monde », même si Lavoisier s'y est attaché son nom. J'ai toujours mis en garde Kervran qu'il aurait, selon moi, bien du mal à faire valoir ses expériences s'il annonçait dès le départ que celles-ci étaient en contradiction avec la conservation de l'énergie. En fait, dès que les scientifiques apprenaient que la conservation de l'énergie n'avait plus lieu, ils ne s'intéressaient plus à savoir si les expériences de Kervran correspondaient ou non aux faits réels : ils rejetaient le tout systématiquement, déclarant simplement qu'une expérience violant la conservation de l'énergie ne pouvait être « vraie ». Il aurait été très utile cependant de savoir si oui ou non une poule pouvait transformer « le plomb en or », ou si plus simplement une transmutation quelconque pouvait avoir lieu dans le système digestif d'un être vivant : mais les scientifiques sont ainsi, et ils cherchent toutes les raisons de douter des idées d'un autre... si encore ils consentent à regarder.

La violation d'une loi apparemment aussi bien établie que la conservation de l'énergie arrêtait net toute velléité de s'intéresser à l'auteur du « délit » : on ne va pas perdre notre temps précieux à écouter des élucubrations comme celle-là (la communauté scientifique *dixit*) !

Et pourtant, mesdames et messieurs les scientifiques « officiels », vous vivez dans un Univers qui paraît « violer », depuis son commencement, la conservation de l'énergie. Car cet Univers représente sans aucun doute une certaine énergie : et cette énergie contenue dans l'Univers doit, plus peut-être encore que toute autre, satisfaire naturellement à la conservation de l'énergie. Or, d'où vient cette énergie quand on considère l'Univers dans son ensemble ? Comment satisfaire cette « grande loi », la conservation de l'énergie, à laquelle semblent obéir tous les phénomènes de la Nature ? Sans cette loi, comment justifier que l'Univers « existe » ? Sans doute peut-on tenter d'échapper à cette contradiction et déclarer que l'énergie initiale a été introduite dans l'Univers par un « Dieu créateur »... mais ça ne plaît généralement pas à un scientifique de faire appel à une raison « transcendante » pour rendre compte d'un phénomène physique, même si ce phénomène est l'Univers entier lui-même. N'importe quel scientifique prétend proposer des représentations qui se justifient par elles-mêmes : et l'appel à une raison transcendante est toujours faite à contre-cœur... et finalement ressentie par la Science comme un échec. Surtout quand cette raison transcendante a pour objectif de « contourner » une loi aussi bien établie que la conservation de l'énergie.

Ce problème n'est évidemment pas nouveau, et il a été matière à beaucoup de réflexions, aussi bien chez les théologiens que chez les philosophes ou les scientifiques, à toutes les époques. L'une des plus anciennes « théories » est celle de Lao Tseu, plus de cinq cents ans avant notre ère, qui décrivait l'Univers comme fait des transformations l'un dans l'autre du Yin (principe négatif) et du Yang (principe positif), en ajoutant que le Yin et le Yang se « complémentaient » exactement... de telle sorte que, à chaque instant, l'Univers était équivalent au Néant (énergie nulle, le Yin compensant exactement le Yang).

Rien n'est neuf sous le soleil, et la même idée a

été reprise par la Physique moderne, notamment par ma propre Relativité complexe. On suppose, ce qui est très nouveau en Physique d'aujourd'hui, que l'énergie peut être des *deux signes*, positive et négative, alors que la Physique s'est habituellement construite en postulant que l'énergie était toujours positive. On conçoit qu'il devienne alors possible de proposer une représentation de l'Univers qui, à chaque instant, soit d'énergie globale *nulle*, ce « nul » étant en fait l'addition de l'énergie positive et de l'énergie négative. C'est bien la même idée que l'ancienne représentation de l'Univers avec le Yin et le Yang, avec donc une équivalence de chaque instant de l'Univers au Néant (énergie nulle). On ne prétend pas ici « effacer » la notion de « Dieu créateur » : car « qui » aurait alors transformé le Néant initial (équivalent à une énergie nulle) en positif et négatif ? Mais, au moins, on ne « viole » plus la solide loi de conservation de l'énergie, elle est satisfaite à chaque instant et dans tout l'Univers... et pour les scientifiques c'est beaucoup. C'est pourquoi cette introduction du positif *et négatif* concernant l'énergie est sans aucun doute un aspect nouveau important de la Relativité complexe, encore qu'il paraîtrait plus exact de dire que si cet aspect avait été « défaillant », alors cela aurait donné plus de facilité aux scientifiques pour refuser cette nouvelle représentation, ce nouveau « modèle » de l'Univers qu'on nomme la Relativité complexe. Mais, si cet aspect d'énergie « algébriquement nulle » est satisfait, et est appuyé par un formalisme cohérent, alors cela devient une véritable « force » de la nouvelle représentation.

3. Nous voyons tout autour de nous un espace cosmologique qui a le même âge que nous

C'est là sans doute l'une des conclusions principales de la Relativité complexe.

Depuis des millénaires, probablement depuis qu'existe l'humain pensant, nous avions la conviction de vivre parmi ce que *nos sens* nous laissaient découvrir autour de nous. Nous vivions « chez nous », dans nos meubles, dirais-je.

Et voici que tout à coup arrive, au début de ce siècle, Albert Einstein, et sa Physique de la Relativité. Il nous apprend que, contrairement à cette opinion qu'on croyait bien acquise, quand nous regardons tout autour de nous, nous ne faisons qu'apercevoir des points de l'espace *déjà* dans notre passé, et d'ailleurs d'autant plus dans notre passé que nous voulons regarder plus loin. Avec les conséquences principales suivantes :

● Nous ne savons rien de l'état du monde « aujourd'hui », le présent est encore dissimulé dans notre futur, on saura demain si « les meubles » de notre maison sont vraiment encore où nous avons cru les voir.

● Par contre, et si nous nous posons des questions quelque peu métaphysiques du genre « d'où est donc sorti notre Univers », alors que nous pensions que c'était un problème à peu près « sans espoir » (de pouvoir y répondre un jour, s'entend), le grand Einstein nous dit que, le jour où notre technique sera suffisante, nous pourrons enfin savoir « d'où nous venons », car en regardant suffisamment loin dans l'espace nous pourrons assister, de chez nous, en direct, à la « naissance » de notre Univers.

Un peu « bizarre », tout cela !

Bizarre d'abord parce que, aussi loin que regardent aujourd'hui nos radiotélescopes (et ils sont dès maintenant capables d'avoir des informations sur le monde ayant moins de 5 % de son âge actuel), on ne voit apparemment aucun changement notable dans l'état « moyen » des objets cosmiques que l'on découvre... alors qu'on devrait certainement s'attendre à des changements considérables en approchant du « commencement ».

Bizarre encore parce que les physiciens de la Mécanique quantique, qui sont venus à peu près à la même époque qu'Einstein remettre de l'ordre dans nos conceptions « anachroniques » concernant notre demeure, nous expliquent que ce qui se passe ici dépend de ce qui se passe là *au même instant*, même si ce « là » est à des centaines de kilomètres de distance d'« ici », voire si ce « là » est « au bout du monde ». Y a-t-il donc des relations « instantanées » entre le présent et le passé ? « Non, pas possible, répond Einstein (quoiqu'un peu nerveusement), il n'y a pas de communications *instantanées* dans l'Univers, toute transmission est soumise à la vitesse limite de la lumière. » « Mais si, répondent d'autres physiciens depuis Copenhague où est née la Théorie quantique, les instruments de mesure, aussi éloignés soient-ils, sont à tout instant *inséparables* des objets que vous soumettez à la mesure, et ce qui se passe dans cette mesure-ci a donc une influence sur le résultat de cette mesure-là. En bref, insiste Copenhague, il y a en quelque façon "inséparabilité" entre les points de l'espace. »

De plus en plus bizarre ! Si les points de l'espace sont inséparables *au même instant*, pourquoi ne verrait-on seulement, avec Einstein, que dans *le passé* de l'espace ?

« Mais pour finir, s'écrie Monsieur Tout-le-monde avec son gros bon sens, messieurs les physiciens, pouvez-vous (sauf votre respect) me dire où j'habite, dans le passé, dans le futur... ou simplement, comme je l'ai longtemps cru, dans le présent ? »

La Relativité complexe a pensé que « Monsieur Tout-le-monde » posait après tout des questions qui, pour le moins, méritaient qu'on y réfléchisse sérieusement. Cette théorie est arrivée, comme nous avons tenté de l'expliquer, à la conclusion que les photons, qui supportent notre connaissance du monde, ne « vieillissent » pas quand ils traversent des distances spatiales... et en dépit du fait qu'il est correct de reconnaître à ces photons, avec Einstein, une vitesse *finie* (celle de la lumière). La vision que nous avons de notre monde extérieur est donc celle d'un espace *contemporain* de nous-mêmes, c'est-à-dire dont tous les points, aussi éloignés soient-ils, ont le même âge que nous, un âge que nous pouvons donc nommer *l'âge universel*. Cela prend certes *du temps* pour qu'un photon nous parvienne depuis une galaxie lointaine, mais cela ne prend pas d'âge à ce photon, tout photon est contemporain de son observateur. La représentation forme-âge de la Relativité complexe a démontré cette proposition, en mettant en évidence la différence fondamentale, à l'échelle de l'Univers dans son ensemble, entre le temps et l'âge, alors que la Relativité « précomplexe » avait pris pour acquis que l'âge n'était qu'un temps « particulier ». En fait, dire que cela « prend du temps » pour qu'un photon éloigné nous rejoigne est équivalent à dire que « cela prend de la distance » pour qu'un photon éloigné arrive jusqu'à nous. Le temps est une mesure directe de la « longueur » qui nous sépare d'une galaxie quelconque et, comme cette longueur, dépend de la vitesse relative avec laquelle on se rend à cette galaxie ; au contraire, l'âge est un invariant, l'âge universel est LE MÊME pour toutes les choses « existantes » dans cet Univers, dans notre « demeure » à tous. Chez nous, c'est bien « chez nous » !

Merci, Albert Einstein, mon maître toujours plus vénéré. Car, comme le remarquait déjà Isaac Newton (un autre grand maître), « si j'ai pu voir un peu plus loin, c'est que je suis monté sur les épaules de géants ».

4. Chacun de nous possède aussi un Univers « intérieur » (le Moi)

Il y a un quatrième aspect nouveau introduit dans la Relativité complexe, et qui est probablement le plus important.

Chacun de nous est familier d'avoir ce que nous

considérons comme notre espace « extérieur » : mais extérieur à quoi ? Eh bien, extérieur à nous-même. Mais qui est ce nous-même ? Nous-même c'est notre Personne, c'est quelque chose que je peux essayer de caractériser en le nommant mon « Moi ». Mais ai-je laissé la place pour représenter ce « Moi » dans la représentation de l'Univers que je veux proposer : je pense que ce « Moi » a quelque importance, au moins pour moi, et je voudrais bien le voir figurer quelque part dans la représentation de l'Univers. Après tout, ce Moi est « l'observateur », c'est lui qui en définitive va proposer une représentation, cette représentation dépend donc d'une certaine manière de lui : alors comment ne pas le représenter ?

Tout cela, les scientifiques le savent finalement depuis très longtemps : on sait bien, même si parfois on fait semblant de l'ignorer (par exemple, quand à un certain moment la Physique avait la prétention d'être « objective », et donc de ne pas dépendre de l'Esprit de l'observateur... qui est cependant l'« auteur » de la représentation de l'Univers), on sait bien que les « mécanismes » de l'Esprit de l'observateur ont un rôle important dans la représentation de l'Univers que cet observateur va proposer. Mais alors, si on le sait, pourquoi fait-on souvent semblant de l'ignorer ?

Essentiellement parce qu'on ne savait au juste, au moins jusqu'à il y a peu de temps, ce qu'était ce « Moi » dont j'ai parlé : est-ce un simple point, ou a-t-il une structure, et alors qu'est capable d'accomplir le Moi avec sa structure ? Et d'abord, où représenter ce Moi ? Dans quel espace ? L'espace « extérieur » ? Mais cet espace n'est-il pas précisément ce qui est extérieur à nous, donc aussi extérieur à ce que nous avons appelé notre Moi ? Comment une chose, quelle qu'elle soit, pourrait-elle à la fois appartenir à ce qui est « extérieur » à nous et être nous-même ?

La réponse, nous la connaissons cependant : nous avons l'exemple d'un cas, avec le Moi, où on va devoir utiliser la « pensée paradoxale », qui suppose que nous donnions comme définition de l'existence de ce Moi qu'il est à la fois lui-même *et son contraire*. Le Moi est à la fois « extérieur » à nous, mais aussi « intérieur » à nous. Il est « extérieur » car nous sentons bien que nous appartenons à cet Univers immense qui nous entoure, que nous sommes « solidaires » de lui, qu'il y a « non-séparativité » (comme disent maintenant les physiciens) entre l'Univers et tous les points de cet Univers (donc aussi avec notre Moi). Mais, d'un autre côté, je suis certain de former une « Personne », d'avoir en Moi quelque chose de personnel, qui me définit, qui me fait « différent » du voisin. Je suis à la fois l'Un et le Tout. Je suis le Verbe, ai-je dit souvent, m'inspirant des Écritures : et, comme le Verbe, je suis en Dieu et je suis près de Dieu (c'est-à-dire je ne suis *pas* Dieu). Comme je l'ai soupçonné, seule la pensée paradoxale nous permettra de comprendre de mieux en mieux « ce que nous sommes ».

Mais, trêve de grands mots, nous sommes confrontés au problème précis de représenter le Moi quelque part, et si possible de le représenter avec une « structure », c'est-à-dire donner des détails sur la manière dont il est constitué, et non pas nous contenter de dire qu'il est un simple « point ».

Mais nous nous souvenons maintenant que nous avons déjà fait la moitié du chemin dans la direction de la représentation de ce Moi : dans le paragraphe 1. ci-dessus nous avons « ouvert » l'espace à ce que j'ai nommé l'Imaginaire : s'il y a un endroit où il semble que je vais pouvoir représenter le Moi, cela paraît bien être l'Imaginaire. Non pas tellement parce que le mot nous le suggérerait, mais parce que l'espace imaginaire a précisément les caractéristiques qui conviennent pour « loger » notre Esprit : il est distinct de l'Univers « extérieur » du Réel, et cependant tous les points du Réel ont une place dans l'Imaginaire. Cet espace de l'Imaginaire est « personnel », en ce sens qu'il est fait de petits « univers » (contenant chacun un espace et un temps) séparés les uns des autres... et je vais pouvoir représenter dans ces minuscules univers une « structure » où va figurer une mémoire personnelle et d'où va s'échapper un « double regard », nous permettant à la fois de « sentir » tout le grand Univers de l'espace « extérieur » (Univers cosmologique du Réel, appréhendé par le regard de l'Intuition) et de construire mentalement (à l'aide de notre propre mémoire) l'univers personnel (mais artificiel) que nous découvre le regard de la Raison.

Oui, le voilà enfin ; le représentant du Moi, le voilà ce que je vais appeler mon « espace intérieur » : et je vois s'éclairer la notion de pensée paradoxale, je suis en même temps « personnel » et l'Univers entier, « intérieur » et « extérieur », l'un et le Tout. Une fois encore, merci mon Dieu !

La « mémoire » des particules de Matière

Après mille et un tâtonnements, en 1976, je croyais être enfin arrivé à une forme définie de ma théorie (que je commençais alors à nommer la « Relativité complexe »). En fait, je devais peu à peu découvrir qu'il me restait encore énormément de travail pour faire tenir debout la représentation que je cherchais à proposer de l'Univers.

Il était à peu près acquis que mon travail se plaçait dans le prolongement de la Relativité générale d'Einstein, mais que je situais le cadre de cette recherche dans un espace qui débordait celui où s'était exprimé Einstein. Ce dernier assimilait l'Univers à ce que je nomme aujourd'hui le Réel, et qui se situait dans un référentiel défini par trois axes d'espace imaginaires (au sens mathématique) et un axe des temps réel. La Relativité complexe, comme l'indiquait le nom, ajoutait à cet espace-temps d'Einstein un espace-temps nouveau, que j'appelais « Imaginaire », et qui était l'espace-temps d'Einstein comme « vu dans un miroir », c'est-à-dire défini par trois axes d'espace réels et un axe des temps imaginaire (tous ces mots, encore une fois, pris dans leur sens mathématique). On pouvait donc comme « traverser » l'espace-temps d'Einstein en chacun de ses points, et passer alors « de l'autre côté du miroir », c'est-à-dire nous trouver soudain dans l'espace-temps de l'Imaginaire, le « complémentaire » de l'espace-temps Réel d'Einstein.

Je décrivais alors le formalisme mathématique de la Relativité complexe, qui était très peu changé par rapport à ce qu'avait proposé Einstein du côté espace-temps Réel, mais nouveau en ce qui concerne l'espace-temps Imaginaire. En fait, l'Imaginaire ne s'étendait pas comme le Réel de façon « compacte » ; le Réel dans son ensemble formait un Univers immense (l'Univers cosmologique), tandis que l'Imaginaire se présentait sous forme « granulaire », c'est-à-dire était constitué de minuscules micro-univers mis l'un à côté de l'autre, avec la particularité qu'en chaque point du Réel on pouvait définir un Univers Imaginaire. Ce qui signifiait que les micro-univers Imaginaires étaient en nombre infini.

La première interrogation était de tenter de voir comment les particules de Matière connues expérimentalement se plaçaient dans ce nouveau référentiel agrandi : Réel + Imaginaire. Au bout de longues recherches, je pensai voir clairement la réponse :

1. Chaque particule de Matière possède une structure représentée *à la fois* sur le Réel et l'Imaginaire : elle est *étendue* sur l'Imaginaire et *ponctuelle* sur le Réel.

Ceci doit être l'idée de base qu'on doit bien comprendre et respecter : d'une part, une particule n'est *jamais* (comme par le passé) représentée seulement comme occupant une région de l'Univers sur sa partie Réelle seulement, elle est toujours représentable sur le référentiel *complet* Réel + Imaginaire ; et, d'autre part, elle est toujours *ponctuelle* dans le Réel et *étendue* dans l'Imaginaire. En fait, la partie Réelle est la « trace ponctuelle » d'une structure étendue logée dans l'Imaginaire.

2. Les Éons et les Préons.

Les particules de Matière présentes dans l'Univers se divisent en deux, et en deux seulement : les Éons et les Préons.

— Les Éons désignent les particules électriquement chargées.

— Les Préons désignent les particules électriquement neutres.

Conformément à ce que nous venons de dire en 1. ci-dessus, ces termes d'Éon et Préon désignent *la totalité* de la particule, représentée à la fois sur l'Imaginaire et sur le Réel. La terminologie utilisée anciennement en Physique désignait seulement la partie réelle, qui avait alors noms :

— leptons chargés et quarks (Éons),

— neutrinos et photons d'une part, gluons et gravitons d'autre part (Préons).

Il va de soi que nous n'indiquons ici que les particules *élémentaires* (c'est-à-dire qui ne peuvent plus être « scindées » et forment donc une individualité *unique*). Ainsi nous ne parlons pas des hadrons, composés de quarks et de gluons ; pas plus que nous ne considérons une particule (le neutron par exemple) qui serait électriquement neutre parce qu'elle est un composite de particules élémentaires de charges à la fois positive et négative.

3. Plusieurs masses dans chaque catégorie Éon et Préon.

Dans chaque catégorie Éon et Préon, le formalisme établi par la Relativité complexe montre qu'il existe plusieurs masses possibles, fournies par des règles de quantification. C'est ainsi que l'on trouve six Éons (six leptons chargés et six quarks) et une infinité de masses quantifiées de Préons (photons et neutrinos d'une part, gravitons et gluons d'autre part).

4. Comment est levée l'indétermination « zéro multiplié par l'infini » des masses des Préons.

Les exigences du formalisme de la Physique précomplexe conduisent à attribuer aux Préons une masse propre (c'est-à-dire au repos) *nulle*. Ceci n'est pas gênant si les Préons dont il s'agit se meuvent toujours à vitesse de la lumière (cas du neutrino ou du photon), mais ceci est une difficulté pour les Préons qui ne se meuvent pas toujours à la vitesse de la lumière, comme les gluons (qui emplissent de manière continue tout l'espace hadronique) et les gravitons (qui emplissent de façon continue tout l'espace cosmologique). En effet, une analyse montre que cette masse propre nulle est le résultat de l'association de masses symétriques + et − égales en valeur absolue qui sont en nombre infini dans un volume quelconque d'espace, aussi petit que soit ce volume. On est donc devant l'indétermination « zéro multiplié par l'infini ». Ceci nous conduit à définir la masse propre de chacun des deux Préons entrant dans un graviton ou un gluon de la manière suivante :

masse propre = densité de l'espace local × oméga zéro

où la constante « oméga zéro » est une constante

absolue, homogène à un volume spatial (volume élémentaire), introduit par la Relativité complexe mais attendu par la Physique depuis plus d'un demi-siècle (longueur « élémentaire » lo.).

Ce n'est pas le lieu de donner ici trop de détails mathématiques, et je renvoie le lecteur intéressé par ces détails au livre de Physique théorique que j'ai récemment publié (*La Relativité complexe*, Albin Michel, 1987).

L'été 1976, je me trouvais donc en mission à Bagdad, et je finissais de rédiger un ouvrage où je présentais mes récents résultats, notamment l'utilisation d'un référentiel « complexe », comprenant ce que je devais appeler un peu plus tard le Réel et l'Imaginaire. Il faut bien comprendre que, à cette époque, je ne cherchais qu'une théorie d'unification *physique* de toutes les interactions de l'Univers, ce que j'appelais, il y avait quelques années, une « théorie unitaire » (mais que je nommais maintenant, et j'en ai donné les raisons, la « Relativité complexe »). Et je pensais que je n'étais pas loin de voir le bout du tunnel, c'est-à-dire que ma Relativité complexe allait enfin me conduire à l'unification en Physique. Quand tout à coup, comme une véritable « bombe », je vis que j'étais allé sans m'en rendre compte beaucoup plus loin, et que je me trouvais en réalité près de ce que, sur les traces de Teilhard de Chardin, j'avais longtemps cherché : LA REPRÉSENTATION DE L'ESPRIT DANS LA MATIÈRE.

Cela, il est vrai, couvait depuis 1973 : je pensais alors avoir un moyen de représenter les opérations de la mémoire vivante... mais aucune idée de la façon dont je parviendrais à « caser » cette mémoire dans une particule de Matière. Pour construire un modèle mathématique de la mémoire, j'empruntais à une ancienne théorie (1954) de Louis de Broglie sur les photons de lumière, théorie qu'il appelait du nom un peu barbare de « Théorie de la fusion des particules à spin ». De Broglie n'appliquait naturellement pas à l'époque (1954) cette théorie pour rendre compte de la mémoire du Vivant, et en fait elle ne servait guère à faire la théorie d'un phénomène existant connu, pour la bonne raison que les photons « ordinaires », ceux qu'on voyait autour de nous pour nous éclairer dans l'espace du Réel, ne pouvaient pas se présenter dans un état tel que la théorie de De Broglie leur soit applicable. Ceci entraînait que cette théorie de la fusion des photons de De Broglie était pratiquement restée ignorée, depuis plus de trente années qu'elle avait été proposée. Il aurait fallu, pour qu'elle soit applicable, que les photons considérés circulent dans un espace où le temps serait « négatif », ce qui ne se produisait jamais dans l'espace du Réel, où le temps était uniquement positif. Mais je venais de découvrir que ce temps « négatif » existait cependant quelque part, c'était dans l'espace Imaginaire qui venait aujourd'hui s'ajouter à l'espace Réel dans la représentation de l'Univers : il ne manquait plus que l'étincelle, ou l'idée, qui allait faire apercevoir le rapprochement à effectuer entre la fusion des photons de De Broglie et le temps négatif de l'Imaginaire suggéré par la Relativité complexe. Cela allait effectivement se produire — mais, nous a dit Einstein, et comme je l'ai déjà noté, « la Science est un moulin qui est long à moudre » !

Cependant, je racontai dans un de mes ouvrages de 1974 (*L'Homme et l'Univers*) comment les grandes caractéristiques du Vivant, spécialement le passage de « seuils » des différents états du Vivant (minéral, végétal, animal, humain...), pouvaient s'expliquer si on supposait que la lumière venait jouer un rôle dans le fonctionnement du Vivant, et surtout si on permettait à la lumière de se « complexifier », comme l'avait supposé de Broglie dans sa théorie de la fusion des photons. De toute manière, il m'a toujours semblé (comme d'ailleurs à beaucoup d'autres), mais de manière plutôt « intuitive », que la lumière pouvait bien avoir un rôle dans le phénomène du Vivant, et j'écrivis un véritable « plaidoyer » à ce sujet dans mon bouquin de 1974 : était-on, avec la fusion de la lumière, sur la piste du fonctionnement du Vivant ? Mais, en 1974, je n'avais encore que les rudiments de ma Relativité complexe, et donc pas un « Imaginaire » où je pouvais situer la mémoire. Et voici que me tombait soudain dessus le « soleil de Bagdad » (et je vous garantis qu'il est fort en été !). Voici, que, brusquement, j'apercevais comment ce nuage de photons dits « noirs », qui venait se placer automatiquement, comme « par construction », dans l'Imaginaire et définissait donc la structure « étendue » de l'électron (ponctuel dans le Réel seulement), comment ces photons étaient sans doute la « lumière nouménale » dont nous avait parlé le grand Newton dans la préface à son *Optique*, une lumière que je savais maintenant être capable de décrire avec précision grâce à la théorie de « fusion des photons » de De Broglie et la connaissance de l'existence de l'espace Imaginaire. Bien sûr, je savais aussi qu'il y avait encore d'énormes difficultés à aplanir pour que cette représentation puisse prendre un véritable caractère « scientifique » ; mais j'avais soudain la conviction que j'étais sur la bonne voie, que « c'était ça » et que cela était bigrement important. J'ai dit, dans le début de ce chapitre, comment certaines idées viennent vous frapper sans prévenir, comme émergeant d'un rêve, portant en elles une couleur « d'évidence » qui ne vous permet pas de douter et que, oui, c'est bien cela la voie à suivre, la voie sur laquelle poursuivre. C'était ça mon « soleil de Bagdad », c'était lui qui venait tout à coup éclairer ma route.

Les Éons de la Matière

Après ma « découverte » (comment l'appeler autrement ?) des Éons de la Matière, mon premier geste a été de vouloir en parler dans l'ouvrage destiné aux physiciens dont je m'apprêtais à remettre le manuscrit à mon éditeur. Je préparai donc une trentaine de pages de conclusion à cet ouvrage, et j'en parlai un peu déjà autour de moi. Je nommai « Éons » les particules que je décrivais dans l'Imaginaire qui étaient porteuses de mémoire, me souvenant qu'on nommait « Éon », dans la Gnose du Ier siècle de notre ère, les particules censées posséder l'Esprit. De retour à Paris, à la fin 1976, je vis cependant qu'il était sans doute trop tôt pour présenter aux scientifiques une mouture qui soit assez « mûre », et je décidai d'expliquer plutôt cela aux philosophes (et plus généralement à un grand public « éclairé »), dans un ouvrage qui s'appellerait *L'Esprit, cet inconnu.*

Ce livre fut publié en 1977 et connut tout de suite un grand succès (plus de 100 000 exemplaires). Il fut également traduit dans toutes les langues. Mais cela produisit aussi un effet que je n'attendais pas. Les scientifiques, qui étaient tellement peu préparés à ce que la Science s'ouvre enfin à la représentation de l'Esprit, et qui, pour la plupart, même s'ils ne l'avouaient pas, ne croyaient pas aux thèses teilhardiennes selon lesquelles les structures de base de l'Esprit pourraient se trouver, comme je le suggérais, dans la Matière elle-même, les scientifiques offrirent une forte résistance à mes idées et à ma reconnaissance par la Science de l'Esprit associé à la Matière.

Il y avait une autre raison, plus sérieuse celle-là, qui faisait que, à vrai dire, la thèse de l'Esprit dans la Matière éprouvait des difficultés à trouver sa place dans le langage de la Science. Cette Science n'était pas encore préparée à cette nouvelle façon de considérer l'Esprit, annoncée pourtant depuis plus d'un quart de siècle par Teilhard de Chardin. On en était encore, en Physique, à la croyance d'une représentation « objective » possible de l'Univers, une représentation qui devrait donc être indépendante des caractéristiques propres à l'Esprit. En somme, la Physique considérait la « production » de l'Esprit un peu à la manière dont le rein « produit » l'urine, c'est-à-dire comme une simple « fonction » de la Matière composant le cerveau ; une fonction qui devrait un jour pouvoir se décrire uniquement avec le langage « de la Physique et de la Chimie ». À quoi bon tenter d'utiliser un langage autre que celui de la Science pour parler de l'Esprit ? Chaque chose vient en son temps, et quand la Science sera suffisamment avancée, elle saura rendre compte complètement de la structure de l'Esprit, et cela sans faire appel à des notions « métaphysiques ». Changeux, de l'Institut Pasteur, a même écrit un gros livre (*L'Homme neuronal*) pour soutenir cette thèse. Et il conclut : « L'Esprit, ça n'existe pas ; c'est plus simple, et plus exact, de parler de la Matière seulement. »

Or, ce que ma Relativité complexe voulait démontrer, c'est non pas que l'Esprit était une « fonction » de la Matière, mais plutôt que la Matière était une fonction de l'Esprit : que c'était l'Esprit qui donnait son existence à la Matière. Mais, en 1977, c'était sans doute trop tôt pour défendre cette idée, trop tôt pour ouvrir une nouvelle fenêtre sur la connaissance et soutenir le point de vue que, pour aller plus loin, il fallait aborder des thèses qui, de prime abord, « frisaient le paradoxe ». Trop tôt certainement pour parler de pensée paradoxale.

Je résolus donc de continuer mes recherches pour améliorer mes résultats, et de publier seulement ces résultats quand je les jugerais suffisamment convaincants pour les scientifiques. Le malheur (mais est-ce un malheur ?), c'est que ces recherches allaient demander de nombreuses années, et que je n'ai cependant pas pu réprimer mon impatience de les faire connaître rapidement ; si rapidement que je le qualifierais aujourd'hui de « prématuré ». L'ouvrage scientifique que je sortis en 1983, *L'Esprit et la Relativité complexe*, était sans aucun doute prématuré pour commencer à parler aux scientifiques d'une chose aussi importante que l'Esprit, une chose à laquelle les physiciens n'étaient nullement habitués, et qui semblait avoir sa place « naturelle » en philosophie ou en théologie, mais non dans la science « objective » qu'était la Physique. Bien sûr, ce n'était pas prématuré d'en parler au grand public, qui de toute manière s'intéresse énormément à tous les problèmes qui touchent au fonctionnement de l'Esprit, de son Esprit. Mais ne me faisais-je pas du tort en donnant aux scientifiques l'impression de vouloir aller « plus vite que la musique » ?

C'est pourquoi je sais gré à mon ami Terryll Fancott, qui dirige le Centre ordinateur de l'université Concordia, à Montréal, de m'avoir donné en 1985 un sage conseil : « Présente ta théorie de la Relativité complexe, qui me semble bien marquer un grand pas en avant dans un problème sur lequel travaillent les meilleurs physiciens du monde, c'est-à-dire l'unification de l'ensemble des quatre interactions *physiques*, publie ta théorie sans parler aucunement de l'Esprit, et montre donc que ta représentation de l'Univers produit un "modèle" qui est en avance, et que les physiciens vont vouloir pour cette raison étudier, et j'espère accepter comme le meilleur modèle actuel. D'ailleurs, tu apportes dans ce domaine des vérifications qui ne peuvent être mises en doute, et qu'il va bien falloir considérer. Laisse de côté, pour le moment au moins, la partie "Esprit", réserve-la pour plus tard, quand ton modèle d'unification purement physique sera connu. »

C'est ce que j'ai fait, et j'ai publié mon ouvrage *La Relativité complexe et l'unification de l'ensemble des quatre interactions physiques* à la fin de 1987. Le livre est sorti simultanément en anglais et en français. Et, cette fois-ci, je crois avoir touché la communauté scientifique. C'est cette communauté, ou en tout cas une partie, qui a alors « deviné » que l'unification que je venais de réaliser allait en fait plus loin que je ne le disais dans mon dernier ouvrage, c'est-à-dire réalisait *aussi* l'unification Matière-Esprit.

Le Mental et l'Esprit

Quand, en 1976, je prenais conscience du fait qu'il y avait certaines particules de Matière qui portaient de la mémoire, ma première idée fut que toute la Matière de l'Univers n'était pas dans ce cas, mais que seuls les électrons possédaient ainsi une mémoire. C'est pourquoi je nommai ces particules des « éons », en souvenir du nom qui avait été donné au début de notre ère aux particules qui étaient censées porter l'Esprit de l'Univers. Les électrons avaient une durée de vie quasi éternelle (il fallait un « accident » rarissime pour qu'un électron vienne s'annihiler en rencontrant un positron, et se transforme alors en deux photons). Si les électrons amassaient ainsi les souvenirs dans leur mémoire depuis le début du monde, ils devaient donc pour la plupart disposer d'un savoir-faire en rapport avec leur grand âge, ce qui m'expliquait (au moins en partie) comment l'Univers évoluait vers plus de « conscience », comme l'avait dit Teilhard : les éons « inventent », avec leur savoir-faire grandissant, des structures de plus en plus complexes, qui « savent faire » des actes de plus en plus complexes. Ces structures vont successivement être le végétal, l'animal, l'humain, et peut-être des structures encore plus complexes, ailleurs que sur Terre dans l'Univers.

Il va sans dire que « la perche m'était tendue », pour ainsi dire, pour imaginer ici que les « immortels » éons créent une structure nouvelle quand une structure ancienne vient à s'user et à « mourir » ; c'est peut-être cela qui suggère que nous serions, nous aussi les humains, immortels d'une certaine manière (réincarnation ?). Je n'ai pas l'intention d'examiner ici ces diverses possibilités, je dis seulement, comme je l'ai dit en 1976, dès que l'idée des éons est apparue à moi, que s'il en est bien « véritablement » ainsi, alors ce n'est pas exagéré de dire qu'un « nouvel » Univers nous apparaît, que la vision qu'on avait du monde est totalement à renouveler, et sans aller plus loin on s'aperçoit que la base du monde est « spirituelle », alors qu'on la croyait jadis (ou en tout cas ces derniers siècles) « matérielle ». Je me suis laissé aller (un peu trop peut-être) à rêver pour essayer d'imaginer ce nouvel Univers, dans les ouvrages « grand public » que j'ai publiés autour des années 80.

Sur le plan purement scientifique j'amassais peu à

peu des résultats au cours des années (ce qui va cependant moins vite que quand on « rêve » en compagnie du grand public). Et, très vite, je pensai aux nucléons (protons et neutrons) qui formaient la Matière, à côté des électrons. On sait que cette Matière, en se limitant ici à la Matière « stable » (c'est-à-dire à longue durée de vie), est constituée d'atomes, qui sont faits de noyaux atomiques (eux-mêmes formés de protons et de neutrons) autour desquels tournent des électrons. Je me trouvai tout de suite placé devant la question importante : est-ce que les nucléons, qui forment avec les électrons la Matière, sont aussi, comme les électrons, porteurs de mémoire ? Et pourquoi ne le seraient-ils pas ? Serait-il possible que l'Univers se soit édifié de manière aussi « dissymétrique », donnant aux électrons un rôle qu'il aurait refusé aux protons (ou aux neutrons) ?

Pour répondre il nous faudrait cependant savoir comment est constituée une particule de Matière, aussi bien un électron qu'un proton. La Relativité complexe vient à notre secours puisque, après avoir proposé une structure pour les électrons, elle fournit un « modèle » des hadrons, dans la classe desquels se range le proton (ou le neutron). En particulier ces récentes années, disons depuis 1980, des précisions sur la structure hadronique sont venues à la fois de la Relativité complexe et des études expérimentales dans les grands accélérateurs de particules. Le nucléon est une « compactification » de l'espace du Réel, qui se présente comme un ellipsoïde aplati (approximativement une sphère) en pulsation radiale et ayant une « structure », c'est-à-dire étant fait d'autres choses. Ces « autres choses » sont des quarks et des gluons. La Relativité complexe les a décrits. Les gluons sont des « préons », et ils ne possèdent pas de mémoire. Par contre les quarks, qui sont répartis (un peu à la manière des électrons dans l'atome) dans le volume du nucléon, sont, en dernière analyse, des structures semblables aux leptons, donc très proches des électrons. Ce qui veut dire qu'ils disposent aussi d'une mémoire.

Et voici la conclusion à laquelle nous sommes finalement conduit : dans l'Univers les atomes de Matière, qu'ils soient électrons, protons ou neutrons, ont chacun une mémoire logée dans leur structure.

Mais qu'en est-il du reste de la Matière formant l'Univers ? Notamment qu'en est-il des gluons qui, nous venons de le voir, remplissent avec les quarks les nucléons (protons et neutrons) ? Et qu'en est-il des gravitons, qui ont une structure analogue aux gluons, mais remplissent l'espace gravitationnel (c'est-à-dire la plus grande partie de notre Univers) ?

Et puis, nous ne devons pas oublier les neutrinos et les photons individuels, qui eux aussi sont décrits par la Relativité complexe comme des structures individuelles situées dans l'Imaginaire, mais sont cependant sans mémoire.

Seule la Relativité complexe, qui fournit le détail des structures géométriques de ces différentes particules, va nous permettre de répondre à de telles questions de manière précise. Et voici ces réponses, telles que nos derniers résultats nous les proposent (1987) :

• Les modèles particulaires *électriquement chargés* de la Matière peuvent être finalement ramenés à une structure duale qui est *ponctuelle* dans le Réel (quark ou électron) et *étendue* dans l'Imaginaire (éon). Il faut éviter de considérer ces deux parties comme pouvant être séparables l'une de l'autre : le modèle de la particule de Matière électriquement chargée est formé des *deux* régions, le Réel et l'Imaginaire. L'examen attentif de ces particules montre qu'elles ont non seulement une région où elles disposent d'une mémoire, mais aussi une région (solution double des équations) qui les associe directement à l'Univers entier. Nous appellerons *Mental* de la particule la partie où se situe la mémoire et *Esprit* de la particule la partie qui rattache la particule individuelle à l'Univers entier.

• Toutes les autres particules (électriquement neutres) ne possèdent que la région les associant à l'Univers *entier*. Les neutrinos, photons, gluons, gravitons ne disposent donc pas de mémoire (de Mental), mais uniquement d'Esprit.

Pour être bref, les Éons sont donc caractérisés par le fait qu'ils ont à la fois le Mental et l'Esprit, alors que les Préons ne disposent que de l'Esprit.

On conçoit que ces notions de Mental et d'Esprit ont non seulement une portée en Physique (pour connaître les « modèles » de la Matière de l'Univers) mais aussi une portée « philosophique », puisqu'une partie de la Matière dispose à la fois de Mental et d'Esprit, alors qu'une autre partie (la plus grande) ne dispose que d'Esprit (c'est-à-dire, en définitive, est uniquement solidaire du Tout, mais n'a pas d'existence « individuelle »).

La pensée paradoxale

Je viens de relire mes dernières pages. Et je trouve que mon lecteur risque de s'y perdre un peu avec ces notions de Mental et d'Esprit. Ainsi, la Matière n'avait, selon la Physique des récentes décennies, aucune propriété « spirituelle », et il n'était pas question de lui en attribuer. Je me souviens encore comme, il y a seulement quelques années, l'idée de « l'Esprit dans la Matière » faisait bondir la plupart des scientifiques. Et voilà que, tout à coup, la Matière serait considérée comme dotée non seulement d'un Esprit, mais aussi d'un Mental (d'une mémoire) ! Cela fait peut-être beaucoup de changements en une seule fois pour la connaissance.

Doit-on s'étonner cependant de nous trouver brusquement devant tant de concepts *nouveaux* ? Comme je l'ai déjà noté, reconnaître la psyché dans la Matière est un très gros changement par rapport à la « philosophie » ancienne de la connaissance, c'est équivalent à ouvrir une fenêtre sur un nouveau paysage, ce qui veut dire que les images nouvelles vont arriver en foule... et risquer de nous surprendre parfois au départ, tant, justement, elles sont nouvelles.

Mais rien à faire pour « simplifier » les choses plus que cela n'est possible. Dès que nous quittons le Réel, qui était jusque-là seul à former le cadre de la représentation pour pénétrer dans l'Imaginaire, on découvre beaucoup de choses qui nous surprennent au premier abord, et il faut parler de toutes ces choses dans un texte qui va tenter d'expliquer aux autres la situation nouvelle, car nous sentons que certaines de ces choses sont très importantes, et que ce serait déformer la vision nouvelle que de vouloir les passer sous silence sous prétexte de ne pas « changer » trop vite notre représentation.

L'un des nouveaux aspects, qui peut nous surprendre notablement, c'est, précisément, l'usage extensif que nous faisons maintenant de la « pensée paradoxale » pour faire « sentir » comment sont les structures nouvelles de notre représentation de l'Univers. Un aspect de l'Univers sera dit maintenant « existant », par exemple, simplement s'il est « pensé » : ceci traduit en fait le refus de vouloir accepter l'Univers comme « absolu » ; l'Univers « n'est pas », il est ce que l'on pense de lui à un instant donné et va par conséquent dépendre des postulats que nous avons admis dans notre représentation de l'Univers. Autrement dit, on ne peut maintenant parler que de la *représentation* « ici et maintenant » de l'Univers, non de l'Univers « ici et maintenant » lui-même.

Ceci ne veut pas dire qu'il n'est pas possible d'avoir une connaissance « intuitive » de l'Univers : mais alors cette connaissance est « transcendante » et incommunicable à autrui, à travers quelque langage que ce soit. Cette connaissance intuitive de l'Univers, nous l'avons tous, en ce sens que chacun de nous est solidaire de l'Univers entier : je « connais » l'Univers parce que *je suis* l'Univers. Mais aucun mot, aucune pensée ne pourra traduire ma connaissance intuitive de l'Univers.

Nous n'avons donc, en définitive, que la Raison pour fournir une « représentation » de l'Univers, puisque l'Intuition (c'est-à-dire notre « fusion » avec l'Univers) débouche sur une vision « transcendante », incommunicable à autrui. C'est pourquoi il nous faut examiner avec grand soin les mécanismes de la Raison, et tenter d'utiliser *complètement et correctement* cette Raison, car nous n'avons qu'elle pour nous y retrouver dans notre demeure, et parler éventuellement d'elle « aux autres ».

Mais alors, à quoi sert l'Intuition (c'est-à-dire notre « fusion » avec l'Univers), si cette Intuition est « intransmissible » dans aucun langage ? L'Intuition reste « personnelle » et sert à élargir notre conscience, pour devenir capable de « renouveler » les postulats de notre Raison et d'unifier sans contradiction les différents aspects de la représentation de notre Univers. Mais cette unification « harmonieuse » n'est que provisoire, et il faudra bientôt retourner nous « baigner » dans les eaux de l'Intuition, pour chercher plus de conscience et créer des postulats nouveaux. La représentation de l'Univers est un éternel recommencement.

Je sais que la vision paradoxale n'est pas aisée à approcher, surtout pour un Occidental : il faudra pourtant s'y habituer, car je suis personnellement convaincu que c'est vers le « double regard » à la fois de la Raison (allant jusqu'à la pensée rationnelle paradoxale) et de l'Intuition (restant incommunicable à autrui) que nous emmène la Vie.

Un Univers entièrement « vivant »

Nous avons vu que la Matière élémentaire était en réalité une « Psychomatière », puisqu'elle comportait toujours un corps ponctuel situé dans le Réel et une partie étendue située dans l'Imaginaire.

Cependant, à bien y regarder, nous constatons que les « têtes » particulaires étendues dans l'Imaginaire sont de deux types : nous avons appelé ces têtes *éons* et *préons*. Toutes deux sont solidaires de l'Univers dans son ensemble (c'est-à-dire sont chacune en droit de dire « l'Univers c'est moi »), mais seule la tête éonique (qui physiquement caractérise les particules électriquement chargées) comporte une *mémoire* (Mental). Doit-on dire par conséquent que la Psychomatière électriquement chargée serait seule capable de « mémoire » ? Et, dans ce cas, ne faudrait-il pas ajouter que seule la Psychomatière « électrique » est vivante, puisque aussi bien on serait enclin à réserver le terme « vivant » à une Matière pouvant posséder une mémoire, quitte à ce que cette mémoire soit chez certains êtres vivants « simples » une mémoire très élémentaire ?

Il faut bien voir que la question a une certaine portée, car il existe dans l'Univers beaucoup de particules électriquement neutres : les photons de lumière, les neutrinos, les gluons emplissant les nucléons, enfin les gravitons portant le potentiel gravitationnel. De l'autre côté, les particules élémentaires électriquement chargées sont l'électron et les quarks (auxquels il faudrait sans doute ajouter les leptons dits « lourds », mais ils ont une durée de vie très courte). Faudrait-il dire que seuls les seconds (pratiquement l'électron et les quarks) sont « vivants », alors que tous les premiers (neutres) ne le sont pas ?

La Relativité complexe nous a montré que *toutes* ces particules ont la caractéristique d'être « paradoxales », c'est-à-dire d'être à la fois l'Un et le Tout. « L'Un » parce qu'elles sont définies comme un micro-univers séparé de tous les autres (micro-univers Imaginaire) ; « le Tout » car elles sont solidaires de notre Univers cosmologique à chaque instant. Cette dernière caractéristique (solidarité avec le Tout) signifie que chacune de ces particules possède l'Esprit, donc une « conscience » de l'Univers. On doit par conséquent dire que tout l'Univers, peuplé de particules (électriques et neutres), est *entièrement spirituel* (c'est-à-dire doté d'Esprit).

Mais, c'est vrai, seule la Psychomatière « électrique » (électrons et quarks) possède une *mémoire personnelle*, et à ce titre doit être qualifiée de « vivante ». Faudrait-il donc dire que l'Univers serait entièrement « spirituel », mais que seule une partie devrait être qualifiée de « vivante » ?

Je vous laisse juge. Je dois avouer que cela ne me plaît guère de considérer que l'Univers serait comme la scène d'un théâtre où il y aurait des acteurs « vivants » et des « décors » non vivants, des décors qui ne seraient alors là que pour agrémenter le jeu, mais en fait « feraient tapisserie ». Il me semble que *tout* l'Univers et toute la Matière (Psychomatière) qui le constitue participent à « l'aventure » dans un Univers entièrement « spirituel ». Mais, je l'ai dit, je vous laisse juge !

Je voudrais cependant, ami lecteur, vous aider à venir à mon point de vue, qui est, comme je pense vous l'avez compris, que nous sommes dans un Univers *entièrement* vivant. Cette « mémoire personnelle » dont sont dotées les « têtes » éoniques (électrons et quarks) est cependant (cela ne fait aucun doute dès qu'on accepte la représentation de la théorie quantique, ce que nous avons toujours fait) *probabiliste*, ce qui veut dire que la Matière dite « vivante », même dotée de sa mémoire, n'est pas certaine du comportement qu'elle va avoir, mais n'a qu'une « probabilité » d'avoir tel ou tel comportement. La Matière peut « préciser » (avec son « vouloir », nous y reviendrons en fin de chapitre) le comportement « qu'elle veut », mais elle n'est pas certaine d'avoir effectivement ce comportement choisi : l'Univers entier, avec lequel elle est continuellement solidaire, va venir lui-même « décider » quel comportement définitif la Matière va avoir, dans les limites « probabilistes » que le « vouloir » avait précisées. L'Univers entier est donc une sorte d'être qui possède sa propre mémoire, que nous pourrions appeler une mémoire *collective*, qui est faite en définitive de l'ensemble du comportement effectif « des autres », et donc dépend de la mémoire personnelle des autres.

Cette mémoire collective, c'est finalement la mémoire de l'Univers entier, et c'est avec cette mémoire que va se décider en dernier ressort le comportement de la particule de Matière vivante individuelle : c'est ce que je vais appeler dans un instant le « non-vouloir » de la particule individuelle. Ce non-vouloir, venant s'ajouter au comportement probabiliste choisi par le « vouloir », va finalement transformer le comportement probabiliste en comportement « déterministe ». Ce qui voudrait dire que, finalement, Einstein avait raison : quand on tient compte de *toutes* les données (initiales) entrant dans la prévision du comportement individuel de la particule de Matière, ce comportement est *déterministe*. D'ailleurs, si on veut bien y réfléchir, aurait-il pu en être autrement ? Le probabilisme est toujours dû à l'impossibilité où nous sommes de connaître *toutes* les données : mais la théorie quantique affirme que l'observateur est tel que nous ne connaîtrons jamais (par principe, Heisenberg) toutes ces données, alors qu'Einstein (et plus tard la Relativité complexe) dit que l'Univers est tel que la connaissance finira par connaître toutes les données indispensables à une prévision « déterministe » du comportement. Notons que les deux solutions reviennent sans doute au même, car je ne vois pas comment on pourrait, *pratiquement*, connaître tous les « vouloirs » probabilistes des autres à un instant déterminé de façon à prévoir de manière déterministe le comportement d'un seul. Je dirais que ce comportement n'est pas « par principe » probabiliste (comme l'avait cru Heisenberg), mais reste « pratiquement » probabiliste. Ce n'est pas tout à fait la même chose, et j'insiste donc sur ma « formulation ».

Quoi qu'il en soit, l'introduction de ce « non-vouloir » dû à la présence d'une sorte de « mémoire collective » de l'Univers entier signifie que la Matière, ne disposant pas de mémoire « individuelle », comme les Préons, dispose en tout cas de la mémoire « collective » de l'Univers entier, c'est-à-dire des mémoires individuelles « des autres » traitées « collectivement ».

Mais alors, pourquoi ne pas dire aussi que *toute* la Matière de l'Univers possède une mémoire, soit individuelle (vouloir) et collective (non-vouloir), soit collective seulement ? Et, dans ce cas, TOUT L'UNIVERS DOIT BIEN ÊTRE QUALIFIÉ DE « VIVANT ».

Mais, soyons beau joueur, ami lecteur, et je vous laisse juge de décider si, selon vous, « en votre âme et conscience », *toute* la Matière de l'Univers ou seulement la partie éonique est « vivante » !

La « reproduction » de la mémoire

Une particule de Matière « naît » donc avec une certaine mémoire, elle va l'enrichir de nouveaux souvenirs tout au cours de sa vie, et quand se terminera cette vie elle aura donc une mémoire un peu plus grande que lorsqu'elle est née, puisqu'il s'y ajoutera les souvenirs qu'elle a accumulés.

L'examen montre que, si la particule ne disposait que de ce moyen pour enrichir sa mémoire, ceci risquerait d'être long pour que cette mémoire augmente notablement avec la durée. De plus, et nous le verrons mieux dans un instant, les particules ne vont pas demeurer isolées, mais se grouper pour former des « organismes » au cours de leur Vie. Or, il est nécessaire aux particules de se grouper avec des particules qui ont des « savoir-faire » à peu près similaires, sinon identiques : vous viendrait-il à l'idée de construire une machine, une automobile par exemple, avec des personnes qui ont des savoir-faire très divers, et qui la plupart du temps ne connaissent rien à l'automobile ? Ainsi va-t-il se poser à la Vie particulaire individuelle un problème grave : comment faire pour se grouper en constituant des « organismes » faits de particules qui ont des savoir-faire analogues, ou complémentaires ? C'est ici que se place une « découverte » faite par la Matière elle-même, que je n'hésiterai pas à qualifier de découverte fondamentale de la particule de Matière : la découverte de la « reproduction » de la mémoire d'une particule, de manière à transformer une particule ayant une mémoire A en une autre particule ayant également une mémoire A. C'est le processus que j'ai appelé, en Relativité complexe, *l'Union des particules*.

1. L'Union des particules

L'Union désigne un processus, ou une « interaction », que met en évidence la Relativité complexe : deux particules A et B *unissent* les contenus de leurs mémoires respectives (que je nomme aussi A et B) de telle sorte qu'après cette Union la mémoire de A est faite de l'union de ses propres souvenirs (et de leurs conditions initiales) aux souvenirs de la mémoire de B. Et, de même, B possède après cette

Union dans sa propre mémoire à la fois ses anciens souvenirs personnels et ceux de A. On voit qu'il s'agit d'un véritable transfert de connaissances (en même temps que de souvenirs) d'une particule à l'autre. Les particules « unies », ayant alors des mémoires identiques, vont ensuite avoir des comportements analogues si on les met dans une situation identique du monde extérieur.

L'étude de la « fusion » des photons, examinée précédemment comme ayant lieu dans la mémoire particulaire, suggère que l'Union entre deux particules de Matière A et B (reproduction de leur mémoire) peut se produire si elles se disposent à proximité l'une de l'autre avec leurs spins respectifs inversés (position tête-bêche), de façon à réaliser à elles deux un état de spin nul. Rappelons que la particule tourne sur elle-même, à la manière d'une minuscule toupie, et on appelle « axe de spin » l'axe autour duquel tourne cette toupie-particule. On réalise expérimentalement cette Union en mettant A et B aussi près l'une de l'autre que possible, et en les plongeant toutes deux dans un champ magnétique aussi fort que l'on peut : les axes de spin deviennent alors parallèles, car la particule plongée dans un champ magnétique se comporte comme un petit aimant. En fait, les particules se mettent soit parallèles, soit « antiparallèles » (dans ce dernier cas elles sont dites tête-bêche), ce qui est la position expérimentale que l'on s'efforce d'obtenir dans ce qu'on nomme Union.

Dans cette position tête-bêche, dite aussi de « spin zéro », les équations mathématiques qui décrivent les particules A et B indiquent que tout se passe comme si les deux mémoires de A et B « se déversaient » l'une dans l'autre, avec pour conséquence que, après Union, les deux particules A et B ont *même* mémoire, et il est à prévoir que, mises dans des situations identiques, elles vont ensuite avoir des comportements analogues, sinon identiques. C'est un peu comme si les deux particules A et B étaient devenues des « sœurs jumelles », se ressemblant beaucoup dans leurs comportements respectifs. C'est ce que vont vérifier les particules A et B « unies » en cause, dans ce qu'on va nommer « l'expérience EPR ».

2. L'expérience EPR

L'expérience (parfois appelée le paradoxe) d'Einstein, Podolski et Rosen avait été signalée par ces trois physiciens dès le début du siècle, dans une tentative pour montrer que le probabilisme à la base du formalisme de la Théorie quantique ne fournissait pas une description « complète » des phénomènes physiques. Voici les faits expérimentaux, que nous présentons le plus simplement possible, mais après nous être assuré qu'on ne modifiait pas l'essentiel de l'expérience en voulant simplifier sa présentation.

Deux protons A et B sont initialement placés côte à côte dans un champ magnétique, de telle façon qu'on puisse obtenir un état de spin total nul pour la paire de protons A et B (spin tête-bêche). On a ainsi réalisé l'Union des deux protons. On les sépare ensuite l'un de l'autre en les envoyant dans deux directions opposées.

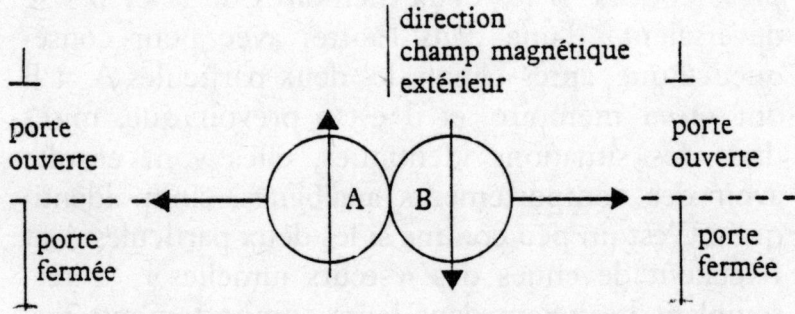

Puis on présente sur la trajectoire de chacun d'eux, alors qu'ils sont déjà très loin l'un de l'autre et qu'on est donc certain qu'ils ne peuvent s'envoyer des « signaux », des « incidents » de parcours identiques. On va symboliquement représenter ces « incidents » de parcours par une porte ouverte et une porte fermée, placées l'une près de l'autre, de telle sorte que chaque proton ait théoriquement 50 % de chances de traverser la porte ouverte et 50 % de chances de s'arrêter devant la porte fermée. Or, l'expérience EPR montre que ce comportement attendu de A et B n'a pas lieu. En fait, si A traverse la porte, B en fait autant quand il se présente devant la porte qui est sur son parcours ; et si A s'arrête devant la porte fermée, B en fait autant. Un peu comme si, pendant le court temps qu'ils ont passé côte à côte avant de se séparer, ils avaient pu « se parler » et se dire l'un à l'autre ce qu'ils allaient faire. Naturellement, Einstein et ses collègues n'envisagèrent pas la possibilité que A et B se parlent, et encore moins pour se dire à l'avance ce qu'ils allaient faire, donc, dit Einstein, ce comportement curieux n'est pas expliqué par la Théorie quantique... et cette Théorie est donc incomplète. CQFD.

Remarquons qu'Einstein et ses amis sont « prudents », comme devraient l'être tous les scientifiques. Einstein ne prétend pas qu'il explique ce qui se passe, il dit simplement que la description de la Théorie quantique est incomplète, que cette Théorie comporte une « variable cachée », comme il le remarque parfois. Mais quelle est cette « variable cachée » ? Einstein est encore incapable de le dire quand, vers 1925, ses deux collègues physiciens présentent aux autres scientifiques ce « paradoxe » EPR. On va voir que la situation n'a guère changé aujourd'hui, mais prendra cependant une nouvelle orientation avec la Relativité complexe.

Ce paradoxe EPR va troubler les physiciens pendant les décennies qui ont suivi sa formulation par Einstein, et va faire couler beaucoup d'encre. Il y a eu d'abord ceux qui ont tenté d'expliquer l'expérience EPR par une modification des lois de la Physique : par exemple, les deux particules A et B s'enverraient un signal allant plus vite que la lumière pendant leur parcours vers la double porte ouverte-fermée. Ceci expliquerait que, en arrivant aux portes, A est prévenu de ce que va faire B, et vice versa. Il y a encore des « scientifiques » pour soutenir cette idée aujourd'hui mais, outre le fait qu'on n'a jamais pu prendre en défaut la limite de la vitesse de la lumière (qu'Einstein lui-même a montrée comme ne pouvant être dépassée par aucun signal, car le porteur de ce signal aurait alors une énergie excédant l'infini), on ne perçoit pendant l'expérience ni émission de signal, ni réception de signal par A ou B.

Un argument apparemment plus subtil avait été présenté dès les années 30 par Bohr, Heisenberg, Rosenfeld... c'est-à-dire ceux qui avaient participé à l'édification de la Théorie quantique elle-même. L'interprétation dite « de Copenhague » (berceau de la Théorie quantique) précise que, selon la théorie, « les instruments de mesure font partie de l'expérience », ce qui signifie que, théoriquement, les deux portes ouverte-fermée font partie de l'expérience, et que par conséquent les deux particules A et B sont censées être au courant du dispositif expérimental de mesure qu'on a mis en place *dès l'instant du départ*, alors que A et B n'ont pas encore quitté cette position de départ. Peu importe, nous dit Bohr, que A et B « n'échangent » rien avant leur départ, ils sont en tout cas dans *les mêmes* situations, et il devient alors logique que leur comportement soit *le même* au moment du passage des portes : tous deux passent la porte ouverte ou tous deux s'arrêtent devant la porte fermée. C'est un peu comme si (prétendent Bohr et sa Théorie quantique) les portes ouverte-fermée n'étaient pas « séparées l'une de l'autre » dans l'espace, et que nous assistions à « un seul » parcours où les deux protons A et B étaient confondus à tout instant l'un avec l'autre : alors, bien sûr, A et B ont « le même » comportement.

Le malheur c'est que l'interprétation « de Copenhague » ne fait pas l'unanimité des physiciens, car elle a des conséquences graves. Elle suppose notamment que la distance entre le point de départ et les

« portes », ainsi que la distance entre les « portes » elles-mêmes, est *nulle*, qu'il y a par conséquent suivant la théorie quantique « non-séparativité » dans l'espace, alors que l'expérience « courante » montre que toutes les choses ne sont pas confondues dans l'Univers, et qu'il est difficile de ne pas en tenir compte. Même si récemment (1980) on a tenté (Bernard d'Espagnat) de renouveler un peu le concept de « non-séparativité », les objections de la pure logique scientifique ne sont pas tombées, et on ne veut pas (si ce n'est les astrologues!) accepter volontiers que les différents points de notre Univers, aussi éloignés paraissent-ils être l'un de l'autre, sont en réalité « non séparés », et d'ailleurs non séparables. Au moins faudrait-il étayer cette idée plus largement. Résultat : l'expérience EPR était toujours, autour des années 1980, un « paradoxe » de la Physique. Au point que certains physiciens (dont Aspect, de l'université d'Orsay, en France) ont pensé qu'il convenait de voir si, aujourd'hui que nos méthodes de mesure sont plus précises que du temps d'Einstein, l'expérience EPR « tenait » toujours, et se présentait encore comme un « paradoxe ». Aux dernières nouvelles, les deux particules A et B se comportent toujours de la même manière, toutes deux passent la porte ouverte, ou toutes deux s'arrêtent devant la porte fermée.

C'est donc peut-être le moment de nous souvenir de ce que nous avaient dit Einstein et ses amis à l'époque (1925) : de l'avis d'Einstein il y avait une « variable cachée » dont la Théorie quantique ne tenait pas compte (ce qui faisait dire à Einstein, on s'en souvient, que la Théorie quantique était « incomplète »). Mais, si Einstein avait raison, quelle était alors cette variable « cachée » ? Einstein et ses successeurs avaient essayé différentes « variables cachées », mais sans succès. Je rappellerai d'ailleurs les efforts de Louis de Broglie, notamment avec sa « double solution », qui voulait revenir au déterminisme d'antan... tout en ne mettant pas tout à fait « à la porte » le probabilisme !

Mais la Science revient rarement en arrière : et ce fut le cas encore cette fois-ci, le probabilisme allait se maintenir. La Relativité complexe venait de montrer qu'il fallait maintenant accueillir un nouveau « modèle » de la particule de Matière, un modèle qui dissimulait dans son Imaginaire une « mémoire » particulaire. La « perche » nous était largement tendue par la Relativité complexe pour avoir enfin la solution et l'interprétation correcte de l'expérience EPR. L'Union des particules A et B, pendant laquelle elles « déversent » leurs mémoires l'une dans l'autre, les fait émerger de cette Union avec *la même* mémoire A + B. L'Union a produit une « reproduction » de la mémoire... et alors cela devient un phénomène physique sans mystère de montrer que, armées de la même mémoire, les deux particules (qui sont maintenant « jumelles ») ont un comportement analogue, quand elles sont mises, ultérieurement à leur Union, dans la même situation du monde extérieur. La « variable cachée » d'Einstein, c'était la « mémoire » : mais qui aurait osé prétendre, du temps d'Einstein, que la Matière pouvait avoir une « mémoire » ? Encore une fois, « la Physique est un moulin qui est long à moudre ».

Le vouloir et le non-vouloir

Une notion importante, qui a été dégagée lors des ramifications « philosophiques » de la Relativité complexe, est celle de « vouloir » et « non-vouloir », que l'on trouve depuis des millénaires dans la pensée orientale, mais qui demeurait loin de la pensée occidentale... qui croyait dur comme fer que la Matière n'était capable d'aucune initiative.

On a vu que la Matière vivante dispose d'un double regard, l'un qui est celui de l'Esprit et qui rend la Matière solidaire du Tout, l'autre celui du Mental qui lui permet de « lire » sa propre mémoire, c'est-à-dire son monde intérieur. Nous avons vu aussi que le rôle de ce double regard est non seulement de procurer à la Matière vivante une mémoire (la Matière sait, regard du Mental) mais aussi une conscience (la Matière sait qu'elle sait, regard de l'Esprit). Dès que je réussis à déduire de ma Relativité complexe ce « modèle » de la Matière, j'eus la nette conviction que ces deux regards devaient, d'une certaine manière, être associés au « vouloir » et au « non-vouloir » dont nous parlait depuis des millénaires la pensée orientale : mais comment ?

Je commençai par m'égarer sur une fausse route, qui me faisait voir dans l'Esprit la conscience qui permettait de « choisir » de manière précise un comportement à chaque instant, alors que le Mental, avec sa mémoire, ne pouvait définir qu'un comportement probabiliste. Et j'épiloguai longuement, dans mes écrits précédant celui-ci (*Les Lumières de l'Invisible* et *Le Tout, l'Esprit et la Matière*), sur le fait que le « vouloir » serait associé au Mental et le « non-vouloir » à l'Esprit. Et c'était vrai... sauf que cela ne paraissait nullement évident de la manière dont je l'expliquais alors.

Ce qui aurait dû me guider, c'est que le probabilisme existait en Physique bien avant la découverte de la mémoire particulaire, et il était apparent, dès qu'on y réfléchissait un peu, que le probabilisme impliquait que chaque particule était « solidaire » de l'Univers entier. Il y avait, comme la Théorie quantique le précisera plus tard, une apparente « non-séparativité » entre la particule individuelle et l'Univers dans son ensemble. Or c'était l'Esprit qui était solidaire, par son regard, de l'Univers dans son ensemble. Le non-vouloir représentait la partie du comportement de la particule dont était responsable l'Univers entier (c'est-à-dire la partie qui devait tenir compte du comportement « des autres »). Et c'était à cause de la présence de ces « autres » qu'il était impossible de prévoir exactement le comportement d'une particule déterminée. En d'autres termes, le non-vouloir était associé :

- au regard psi donnant à chaque instant à l'Esprit la connaissance de l'Univers entier (onde psi émise par le neutrino tournant dans la partie préonique de la particule) ;
- au probabilisme défini par cette onde psi (pro-

babilisme donnant les probabilités de tel ou tel comportement).

Il n'était pas encore question, avec le non-vouloir, de parler du vouloir lié à la mémoire particulaire. La mémoire particulaire n'était pas encore née quand on développa la Théorie quantique (à partir de 1925).

Mais, ce que la Relativité complexe venait ajouter par rapport à l'interprétation purement probabiliste, c'est que la particule disposait d'un « second » regard, lui permettant de consulter avant son comportement son *monde intérieur*, et ainsi « d'affiner » les probabilités de comportement calculées par la Théorie quantique en tenant compte des données initiales associées à ce monde *intérieur* (et pas seulement au monde « extérieur », comme le faisait la Théorie quantique). C'est cette consultation de la mémoire de la particule (donc de son « monde intérieur ») qui allait déboucher sur ce que j'ai appelé le « vouloir » de la particule.

Autrement dit, la particule commence par consulter l'Univers entier (son monde extérieur) et en conclut à chaque instant ce qu'il lui est possible de faire, avec une probabilité chiffrée pour chaque « possible » : c'est l'action du non-vouloir.

Puis (en fait simultanément) la particule consulte son monde intérieur et « ramasse » de cette façon les conditions initiales qui viennent compléter son onde psi de comportement... et par conséquent aide la particule à faire de plus en plus ce qu'elle veut : c'est le « vouloir » particulaire.

On voit ainsi comment les « deux » regards particulaires sont utilisés à chaque seconde, la consultation de la mémoire particulaire venant s'ajouter à la représentation que donnait la Théorie quantique, qui ne tenait compte que de la consultation de l'ensemble du monde « extérieur ».

Et finalement, on aperçoit la « raison d'être » véritable du probabilisme : c'est la *méconnaissance* du comportement exact des « autres » qui se trouve à l'origine du probabilisme : un « démon » à la Maxwell, qui pourrait à chaque instant connaître le comportement de *chaque* particule de l'Univers entier (donc aussi le comportement « des autres ») aurait la connaissance de toutes les conditions initiales nécessaires et suffisantes pour prévoir *de manière déterministe* le comportement à chaque instant de chaque particule individuelle.

Le non-vouloir est donc bien associé à l'Esprit, comme je l'avais intuitivement senti dès le départ, c'est cet Esprit qui définit le côté « probabiliste » du comportement individuel, il dit à la particule ce qu'il est « possible » de faire et les probabilités qui s'attachent à chacun des comportements permis. C'est cet Esprit qui est générateur de la fameuse « onde psi » proposée dès 1925 par Louis de Broglie, et qui permet à la particule de connaître les probabilités de chaque comportement qu'il lui sera possible d'avoir à chaque instant, compte tenu des conditions initiales du Tout (c'est-à-dire de l'Univers cosmologique). Et comme la Matière, qu'elle soit vivante ou non, possède toujours l'Esprit, elle peut toujours se situer de manière probabiliste par rapport au Tout. C'est d'ailleurs bien la conclusion à laquelle est arrivée la Mécanique quantique, qui supposait certes que la Matière n'avait pas de mémoire, mais avait néanmoins un comportement probabiliste.

Mais, en sus de la Théorie quantique, est arrivée ensuite en Physique la Relativité complexe. Celle-ci montre qu'il existe dans l'Univers de la Matière « vivante » (ce que tout le monde savait) et que cette Matière vivante est composée de particules individuelles qui ont une mémoire (ce dont nul ne tenait compte avant la Relativité complexe). Cette mémoire vient se loger dans une partie de l'Univers appelée Imaginaire, et constitue ce qu'on nomme le Mental (ou la mémoire) de la particule. Dépendant du degré de développement de la Matière vivante (minéral, végétal, animal, humain...), cette mémoire va être capable de faire intervenir son « vouloir », c'est-à-dire de préciser de plus en plus son comportement parmi les comportements permis et probabilistes que lui aura fournis l'Esprit. La Matière vivante « regarde » son monde « intérieur » (celui de sa mémoire), ce qui lui permet d'« affiner » son comportement de façon que celui-ci corresponde de mieux en mieux à « ce que veut » la particule : c'est son « vouloir ». Ce « vouloir » est toujours défini en termes probabilistes : on n'est jamais certain que ce que l'on veut va « effectivement » se réaliser dans le futur. Mais ce que l'on veut « très fort » va se trouver doté, dans l'univers intérieur, d'une probabilité voisine (mais non égale) à l'unité (l'unité correspondrait à une certitude).

C'est donc le « vouloir » qui joue un rôle de plus en plus grand chez la Matière vivante, au fur et à mesure que cette Matière franchit les différents « seuils » de sa Conscience (seuils du minéral, du végétal, de l'animal, de l'humain...). Autrement dit (et comment ne l'avais-je pas vu plus tôt !), c'est la mémoire qui permet au comportement d'être de plus en plus « volontaire » (de plus en plus conditionné par le « vouloir »), alors que la Matière non vivante n'est conditionnée que par un comportement purement probabiliste, le comportement du non-vouloir. Il aurait été faux, notons-le, de prétendre que le Tout, c'est-à-dire l'Univers entier, ne jouait aucun rôle dans le comportement particulaire de la Matière non vivante, ou de prétendre encore que seul l'Univers « proche » jouait un rôle dans ce comportement probabiliste. La Mécanique quantique dite « de Copenhague » a évité toutes ces « tentations » qui l'auraient menée sur un chemin sans issue... mais elle n'a pas pensé quand même que la Matière pouvait manifester une mémoire. Il faut bien un temps pour tout !

Nous retiendrons en tout cas que la particule « vivante » dispose à la fois du regard de l'Esprit (non-vouloir) et de celui de la mémoire du Mental (vouloir) ; alors que la Matière non vivante (préons, une conscience mais pas de mémoire) ne dispose que du regard de l'Esprit (non-vouloir), c'est-à-dire est « pilotée » par la totalité de l'Univers (y compris le Mental des autres particules vivantes).

II

DIEU ET LA NOTION DE « BIEN ET DE MAL »

> *Au commencement était le Verbe,*
> *le Verbe était auprès de Dieu,*
> *et le Verbe était Dieu.*
>
> Évangile de SAINT JEAN

On peut s'attendre à ce qu'un physicien comme moi, qui s'est intéressé à la structure « unitaire » de notre Univers, c'est-à-dire à sa représentation unifiée depuis les particules élémentaires de Matière jusqu'au groupement de cette Matière dans les étoiles et les galaxies, soit attiré par des questions métaphysiques, ou en tout cas soit bien préparé pour prolonger son travail sur le versant philosophique. Ce n'est qu'à moitié vrai cependant, car les questions telles que celle de Dieu ou celle du Bien et du Mal sont très différentes de celles concernant l'étude scientifique de l'Univers ; le langage en est, c'est évident, tout à fait autre. Toutefois, je dois avouer que je me suis personnellement toujours profondément intéressé aux problèmes philosophiques, et dans mon cas il serait plus exact de dire que ce sont ces questions qui m'ont amené aux « théories d'unification », plutôt que le contraire. D'ailleurs, comment serait-il possible qu'on se pose des questions liées à la Physique, telles que : L'Univers est-il fini ou infini ? A-t-il eu un commencement ? Aura-t-il une fin ? Comment est faite la Matière ? et bien d'autres questions, comment serait-il possible qu'on se pose ce type de questions sans se trouver automatiquement investi dans des interrogations qui touchent plus directement à la Vie ou à la Pensée, ou plus simplement à la Connaissance, qui sont naturellement des problèmes avant tout métaphysiques ?

Un Dieu pour notre Univers ?

Et d'abord, comment en arrive-t-on à l'idée que nous sommes les habitants d'un Univers qui a été « créé », et qu'il y a donc un « créateur » de cet Univers, qu'on nomme Dieu ? Pourquoi ne pas se contenter de « vivre », sans se poser des questions sur le « Bon Dieu » et ses « créations » ?

Je voudrais qu'il soit bien entendu que je ne me place pas ici dans le cadre d'une religion particulière, et quand je parle de Dieu je veux dire « celui ou ceux qui participent au destin de ce qui se trouve dans l'Univers ». Dieu est donc ici défini d'une manière très large, cela pourrait être aussi bien le Dieu d'une religion monothéiste, comme le Dieu d'Israël, ou celui de la chrétienté ou de l'islam ; le terme général de « Dieu » pourrait désigner « les dieux », et s'adresser au contraire à une religion polythéiste, comme les dieux des religions d'Orient par exemple ; ou encore les dieux des religions dites « primitives », qui ne sont certainement pas plus « primitives » que les autres, surtout lorsqu'il s'agit de réfléchir sur notre Univers dans son ensemble. Dans tous les cas, Dieu c'est l'Esprit du monde.

Cependant, traditionnellement, et quelle que soit la religion, on note que la notion de Dieu est associée à celle de « Bien et de Mal ». Cela serait convenable de prêter à celui qu'on nomme Dieu le pouvoir de faire *à la fois* le Bien et le Mal ; mais comme on a coutume de dire qu'un Dieu est « parfait », on suppose d'ordinaire que Dieu ne peut faire que le Bien. Il est vrai que certaines croyances choisissent pour l'équivalent de Dieu simplement « ce qui est » (panthéisme). Pour d'autres Dieu est en fait le « démon »... et n'agit qu'en faisant le Mal. Il conviendrait d'ailleurs (comme nous le ferons tout à l'heure) de préciser d'abord ce qu'on entend par « Bien » et « Mal ». Il est cependant plus courant de voir l'Univers comme le lieu de lutte de Dieu contre le démon, c'est-à-dire du Bien contre le Mal. Un peu comme le disait Empédocle, chez les Grecs de cinq siècles avant notre ère : l'Univers est le lieu de lutte de deux sentiments, l'Amour et la Haine. Au début des temps l'Amour est seul ; mais la Haine apparaît, et commence par triompher de l'Amour, qui est chassé hors de l'Univers ; cependant l'Amour revient et finira par vaincre la Haine, qui disparaîtra alors définitivement de l'Univers. Amen.

Mais nous n'avons pas encore répondu à la question : Pourquoi l'Homme a-t-il, de tout temps, été tenté de dire qu'il habitait une demeure dont il n'était pas seul responsable, et qu'un Dieu présidait à son destin ?

Il faut bien nous aider de quelque chose pour répondre. Nous allons nous servir du « modèle » de la particule de Matière, tel que nous avons obtenu ce modèle en Relativité complexe. Sans doute ne sommes-nous pas nous-même une particule de

Matière, mais un « organisme » fait du rassemblement de milliards de particules. Mais nous avons vu qu'un Organisme se constitue par « Unions » successives des particules individuelles de Matière entre elles et que, pour simplifier, nous pouvons donc considérer l'Organisme comme une « grosse » particule élémentaire de Matière : la nature de la mémoire de l'Organisme n'est pas différente de la nature de la mémoire qu'a acquise chacune des particules élémentaires constituant cet Organisme, au cours du processus de l'Union. Mieux même, on voit que ce qui est valable pour l'Humain va en fait être valable pour *tous* les êtres vivants, depuis la simple bactérie jusqu'aux êtres les plus complexes, comme l'Homme par exemple. Bien sûr, et nous l'avons vu au chapitre précédent, les mémoires qui entrent dans la constitution des êtres vivants sont différentes suivant les espèces, il y a franchissement de « seuils » pour la mémoire, d'une espèce à l'autre, comme l'avait déjà envisagé Pierre Teilhard de Chardin. Mais les mécanismes fondamentaux de la mémoire sont les mêmes chez tous les êtres vivants, et c'est d'ailleurs pour cela que nous n'avons pas hésité à conclure que tout l'Univers était peuplé par le Vivant, et que nous habitions donc un « Univers du Vivant ».

Il y a deux voies essentielles qui lient la particule individuelle à l'Univers : la Raison et l'Intuition.

Nous allons par conséquent d'abord nous demander comment ces deux chemins de la Raison et de l'Intuition peuvent, presque inévitablement, conduire les êtres vivants individuels vers la notion de Dieu, notion qui paraît prendre une forme exacerbée chez l'Homme, mais dont une forme atténuée doit apparaître sans nul doute dès les êtres vivants les plus simples.

Dieu devant la Raison

Dieu est avant tout un « mot », c'est le nom que l'on donne à celui qui est censé avoir créé l'Univers lui-même. Derrière cette « création » on prête généralement à Dieu un « comportement ». Et c'est d'ailleurs sur ce « prolongement » donné au mot Dieu que vont naître les discussions, et parfois les désaccords.

Il est possible de se contenter, pour définir Dieu, de ce pouvoir « créateur » de Dieu, car c'est après tout le plus grand acte de tous les actes : Dieu a créé ce qui constitue « le Tout », et qu'on a coutume d'appeler l'Univers. Il y a cependant une difficulté à vouloir définir Dieu à partir de son acte « créateur » : Dieu serait le créateur de Tout. La difficulté vient du fait que le mot « Tout » n'a pas ici sa signification habituelle, et en tout cas pas la signification qu'on lui donne rigoureusement en mathématiques, comme par exemple dans la théorie des ensembles. Pour la Raison, dont les mathématiques forment le langage principal, le Tout comprend « tout », et donc Dieu lui-même, *si celui-ci existe*. La définition de Dieu utilisant comme condition l'affirmation : « Dieu existe » devient alors une véritable « tautologie », ou une contradiction. Dieu « existe » s'il fait partie du

Tout (supposé contenir, par définition, « tout ce qui existe »). Comment alors peut-il être le « créateur » du Tout, puisque ce Tout comprend le créateur lui-même ? C'est équivalent à vouloir dire : le créateur a créé le Tout, donc aussi le créateur. On affirme ainsi que le créateur s'est créé lui-même. Ceci, comme je l'ai dit, est en fait une tautologie. On est (sauf le respect qu'on doit à Dieu !) devant la même difficulté que dans le problème bien connu de la théorie des ensembles : le barbier rasera tous les barbus qui ne savent pas se raser : mais qui rasera alors le barbier lui-même, s'il est barbu (et il semble qu'il le soit !) ? Dieu a comme « spécificité » de savoir créer tous les êtres ou objets de l'Univers ; mais qui a alors créé Dieu ? Et si personne ne l'a créé, comment peut-on affirmer qu'il « existe » ? La Raison exige que rien n'ait été créé s'il n'existe au préalable une « source » à cette création, c'est-à-dire un « créateur ». Rien ne saurait être né de rien, disaient déjà les anciens Grecs. Il faudrait, pour être complet, remarquer que rien ne saurait être né de rien... si ce n'est « rien » lui-même, c'est-à-dire le Néant. Si on veut échapper à la tautologie de Dieu créateur de l'Univers, on va devoir affirmer que Dieu n'a pu créer que le Néant... et être lui-même Néant. L'Univers et Dieu son créateur seraient donc finalement tous deux assimilables au Néant... Et on retrouve l'idée fondamentale qui s'est promenée tout au long des siècles : Dieu, le créateur de l'Univers, ne peut avoir pour nature que le Néant.

Certes, il peut paraître ici qu'on « cherche à couper les cheveux en quatre » : mais on conçoit cependant que, lorsqu'il s'agit de Dieu, il va falloir être très *exigeant* sur le langage et sa signification. On parle couramment de l'« existence » d'une chose : mais qu'entend-on exactement par le mot « existence » ? Bien sûr, si on se contente de définir l'« existence » d'un objet, comme par exemple celle de l'arbre que j'aperçois là-bas, cela semble relativement aisé : cet arbre « existe » non seulement parce que je le vois mais aussi parce que, si j'en doute, je peux appeler mes voisins qui le verront avec moi, et qui viendront avec moi en toucher le tronc, si nécessaire. Mais que vais-je dire quand ce dont je veux définir l'existence est « une idée », et une idée qui ne paraît pas pouvoir se cantonner directement dans l'espace de notre Univers ? Souvenons-nous de René Descartes, qui apercevait déjà deux « constituants » dans l'Univers. Il y avait, selon Descartes, d'une part la Matière, qui se distinguait du reste par le fait qu'elle pouvait être décrite comme « étendue » dans l'espace qui nous entoure ; et il y avait, d'autre part, la « pensée » (c'est-à-dire aussi une « idée ») qui, précisément, n'est pas « étendue » dans l'espace, et ne saurait donc avoir son « existence » conditionnée par cette extension dans l'espace. C'est ceci qui faisait dire à Paul Valéry : « On pourrait tourner un siècle dans un cerveau, on n'y rencontrerait jamais un "état d'âme". » Une pensée n'a pas sa place dans l'espace ordinaire, celui qui nous entoure, cette pensée est « sans étendue ».

C'est notamment pour faire face à cette difficulté que la Relativité complexe a proposé que l'Univers comprenne aussi l'espace de l'« Imaginaire », côtoyant partout l'espace « ordinaire », celui où se trouvent les choses « observables », et qu'on nomme le « Réel ». Nul ne peut douter du fait qu'une « idée », et plus généralement une « pensée », fait partie du Tout, c'est-à-dire doit être considérée comme partie de l'Univers. Mais c'est une partie qui, comme le remarquait Descartes (et plus tard Valéry), n'est pas directement « observable ». Si on veut en parler dans une représentation de l'Univers total (du Tout), il va donc falloir « ouvrir » la représentation de l'Univers à ce qui n'est pas « observable », car sinon celle-ci sera incomplète. C'est pourquoi nous avons ouvert la représentation de l'Univers, la représentation dont on va avoir besoin en Physique, à l'espace Imaginaire. Autrement dit, au lieu de restreindre comme par le passé la représentation de l'Univers en Physique à ce qui est « observable » (croyant au début du siècle qu'on écrivait ainsi une science « objective », ne prenant pas en compte des « fantômes »), on va « ouvrir » le champ de représentation de l'Univers non seulement à ce qui est (comme par le passé) « observable », mais aussi à ce qui n'est pas directement observable, qu'on va appeler Imaginaire. Nous ne nous intéressons pas ici à ce qui ne serait pas observable pour une question « technique » quelconque, comme ce qui, par exemple, ne serait pas observable parce que c'est trop petit : on vise ce qui est non observable « par principe », comme la pensée, dont je parlais tout à l'heure. L'Univers de la représentation de la Physique va donc se composer désormais du Réel (l'« observable » de la Physique passée) et de l'Imaginaire (censé représenter ce qui n'est pas directement observable, notamment la pensée).

Notons que, si on a tant tardé à chercher en Physique une représentation de l'Imaginaire, c'est qu'on a cru longtemps qu'il était possible de séparer ce qui était observé de l'observateur lui-même. Ce n'est qu'il y a quelques décennies qu'on a pris conscience du fait que la représentation de l'Univers était bien loin d'être un « absolu », mais dépendait de l'observateur qui écrit la représentation. Autrement dit, et comme l'a remarqué récemment le physicien américain John A. Wheeler (directeur du Département de Physique théorique à l'université d'Austin au Texas), « nous vivons dans un Univers de participation », et non pas dans un Univers « objectif », comme auraient désiré nous le faire croire les « scientifiques » du début de ce siècle.

Mais revenons à la définition du mot « existence », qui est le fondement même de tout langage : on va parler uniquement, comme l'exige la Raison, des choses « qui existent », mais on fera désormais entrer dans ce vocable « existant » ce qui n'est pas directement « observable », comme la musique, la poésie, et plus généralement la pensée. Les « réalistes » disaient qu'une chose est déclarée « existante » si elle est, en dernier ressort, réductible à la Matière (c'est-à-dire se situe toujours dans l'étendue du Réel). Les « idéalistes », comme l'abbé Berkeley il y a deux siècles et demi, prétendaient au contraire que « tout » se réduit finalement à de la pensée ; et ils traduisaient cela dans une formule célèbre : « Exister c'est être pensé. » La Relativité complexe des années 80 a tranché cette apparente contradiction en élargissant le cadre de représentation de notre Univers : pour être représenté *complètement* l'Univers doit comporter deux types d'espaces, complémentaires mais distincts, l'Imaginaire et le Réel ; et la définition de l'« existence » est maintenant alors celle-ci : est « existant » ce qui se situe dans le Tout, c'est-à-dire dans l'union du Réel et de l'Imaginaire.

Cette « parenthèse » sur la nécessité d'un espace Imaginaire ayant été faite, nous venons de voir qu'une autre difficulté nous guettait concernant notre représentation de l'Univers, et celle de son créateur, « Dieu » : cet Univers *doit être équivalent au Néant*.

Que veut-on dire par là ? Si on cherche à répondre de la manière la plus précise possible, compte tenu de nos connaissances actuelles, cela veut dire que quand on applique à cet Univers *dans son ensemble* des critères qui souhaitent le représenter, comme celui de l'énergie par exemple, on va devoir donner une représentation où l'énergie *totale* contenue dans l'Univers sera *nulle*. « Énergie nulle » va devenir un substitut pour le mot « Néant ». Comme, de toute évidence, l'énergie contenue dans l'Univers ne saurait être *absolument* nulle, nous dirons que l'Univers total contient à tout instant une énergie *algébriquement* nulle : l'Univers contient à la fois de l'énergie positive et de l'énergie négative, la totalité des deux correspondant exactement à une énergie nulle.

Et on retrouve alors une idée qui, intuitivement, a été pressentie de très longue date par la pensée humaine : l'Univers comporte des énergies de *deux* signes, comme le Yin et le Yang, ou le chaud et le froid, ou l'Amour et la Haine. Et la Physique de la Relativité complexe vient nous confirmer numériquement que l'Univers est bien « fait » d'énergies des deux signes, réparties dans l'espace en quantités égales à tout instant de l'âge de l'Univers... y compris à l'instant de sa création. En d'autres termes, l'Univers et son créateur semblent pouvoir être symbolisés par le chiffre zéro, ou d'une autre manière par le Néant.

La Raison nous indique par conséquent que « Dieu existe », mais aussi que le symbole qui approche le mieux le personnage de Dieu, c'est le symbole du Néant. C'est aussi vrai de l'Univers entier : considéré comme la « création » de Dieu, il peut aussi être décrit par le Néant. « Ce qui est », souvent représenté en termes d'« essence » et d'« existence », est le résultat de la « séparation » du Néant en parties complémentaires, qui peuvent être réparties en énergies positive et négative, la totalité de l'énergie de l'Univers étant nulle à tout instant de l'âge de l'Univers.

Dieu devant l'Intuition

Dieu peut donc être défini comme le « créateur » de l'Univers entier. Et ce que la Raison nous a dit, c'est que cette définition implique d'assimiler Dieu au Néant, c'est-à-dire d'en faire le zéro de l'énergie. Mais Dieu ne doit pas se contenter d'être le Néant : il est en fait le « séparateur » entre « ce qui est » (énergie non nulle, positive ou négative) et le Néant (référentiel zéro de l'énergie). Qu'on ne s'y trompe pas : c'est très important d'avoir conscience que l'Univers est né de la séparation entre le Néant et le Verbe, c'est-à-dire la séparation du Néant en énergies positive et négative. C'est l'acte primordial, compatible avec nos connaissances actuelles (notamment en Science), sans lequel il n'y aurait « rien »... et qui nous permet de ne pas chercher à « personnifier » Dieu autrement que ce que croit pouvoir dire ce savoir actuel. Bien sûr, cette définition de Dieu n'est pas « définitive », elle changera sans nul doute avec le temps, avec les connaissances qui s'accumuleront dans le Mental de l'Univers. Mais chaque chose en son temps, et nous paraissons aujourd'hui devoir assimiler Dieu au Néant, et l'Univers à un Verbe où se distinguent deux types d'énergies, positive et négative, dont la totalité pour l'ensemble de l'Univers correspond à Dieu lui-même, c'est-à-dire au Néant. On peut remarquer qu'une telle définition n'est pas nouvelle, et la Bible nous disait déjà que, avant l'acte créateur, Dieu était le Néant flottant sur les ténèbres de l'incréé. C'est toujours la même idée, une idée que notre approche intuitive de l'Univers a comme imposée à notre conscience. Avec la différence, cependant, que l'on peut aujourd'hui mettre devant ces mots une description *chiffrée* qui nous permettra (peut-être) d'aller plus loin sur le chemin de notre Savoir. Et aussi de mettre en harmonie ce que l'on sait et ce que l'on sent.

1. Un autre moyen d'approche de la notion de Dieu : la pensée paradoxale, marche d'accès à l'Intuition

Dieu peut être défini, comme nous venons de le faire, au moyen de la Raison : Dieu est le Néant se distinguant de « ce qui est », c'est-à-dire du Verbe ; mais ce Verbe se partage en énergies positive et négative en quantités égales, de telle sorte que le Verbe total est équivalent au Néant.

Une autre approche est de définir Dieu comme « le Tout », celui sans lequel rien ne serait et celui par lequel tout « est ». On se trouve ici dans l'apparent paradoxe qu'on lit dans l'Évangile de saint Jean : Dieu se définit comme étant le créateur de tout le Verbe, et cependant comme étant le Verbe lui-même. L'Intuition, par définition, est « transcendante », c'est-à-dire ne peut pas se traduire en ce qui est communicable à autrui, en particulier en un langage quel qu'il soit. On va donc substituer à l'Intuition ce qui est la marche la plus élevée (au moins d'après moi) de la Raison, que je nomme *la pensée paradoxale*. Dans cette forme de pensée, une chose est à la fois ce qu'elle est et son contraire.

Nous avons déjà rencontré cette pensée paradoxale, et nous avons dit que, selon nous, elle jouera pour examiner nos problèmes fondamentaux *un rôle primordial*. Elle est, comme nous l'avons dit, à la fois la plus haute marche de la Raison, et la première marche de l'Intuition : déjà plus la Raison, et pourtant pas encore l'Intuition.

La Raison et l'Intuition sont ainsi deux approches

complémentaires de notre Univers, un peu à la façon dont, pour se diriger, on regarde à la fois près de nous les objets qu'on voit bien et qu'on se sent capable de symboliser de manière précise, et l'horizon au loin, qu'on ne distingue que de manière floue, certes, mais qui nous dessine la « forme » du lointain vers lequel on se dirige.

L'Intuition va continuellement se référer au Tout, disais-je : cela va entraîner que la « logique » de l'Intuition sera très différente de la logique de la Raison. Mais il ne faudrait pas en conclure que l'Intuition « n'a pas » de logique. Ce n'est pas parce que l'Intuition ne peut que nous faire « sentir » les choses, des « choses » dont on sera ensuite incapable de « parler » directement, qu'il faut baisser les bras et déclarer qu'on ne peut « rien dire » de cette approche de l'Univers. On va simplement « parler de ce qui est incommunicable ». Est-ce possible ? On va voir que oui. Et les « réductionnistes » du début de ce siècle, qui n'ont pas hésité à vouloir couper les ailes de l'Intuition, sous prétexte que cette Intuition ne pouvait que gêner l'« envol » de la Raison, se sont lourdement trompés et ont en fait voulu nous approcher de la connaissance de l'Univers comme des infirmes à qui on aurait volontairement coupé une jambe. Je n'ai rien contre la Raison, bien au contraire, je dis simplement qu'on marche mieux sur deux jambes que sur une seule (demandez aux unijambistes !), et que notre connaissance de ce vaste Univers réclame qu'on utilise ces *deux* « regards » que nous a donnés le « Bon Dieu », la Raison et l'Intuition.

2. Savoir accueillir en même temps une chose et son contraire

Pour l'Intuition, une chose n'a pas seulement une « existence » : elle a à la fois une « existence » et une « essence ».

Je m'explique : pour la Raison, une chose est ce qu'elle est, on peut tenter de la décrire aussi précisément que possible, le « principe du tiers exclu », qui caractérise depuis Aristote la logique de la Raison, nous dit même que si une chose est A elle ne saurait être différente de A, et que plus précisément cette chose est A ou différente de A, il n'y a pas de troisième possibilité (tiers exclu). Le symbole A caractérise entièrement l'« existence » de A, en ce sens que A ne pourrait être lui-même et autre chose que lui-même.

Pour l'Intuition au contraire, une chose est définie par son rapport avec le Tout, et on appelle essence d'une chose A le Tout (c'est-à-dire tout l'Univers) dont on a retiré A lui-même. De telle sorte que l'union (au sens de la théorie des ensembles) de l'existence de A et de son essence (qu'on appelle « complémentaire » de A, et qu'on écrit $\bar{A}$) représente le Tout, quelle que soit la chose A considérée. On écrit ceci :

$$A \cup \bar{A} = 1$$

et l'unité 1 symbolise le Tout, entendons par là « tout l'Univers ». Cela veut encore dire que chaque fois qu'on considère un objet ou une pensée dans l'Univers, cet objet ou cette pensée ne peut être complètement décrit qu'en exprimant simultanément son existence et son essence unies l'une à l'autre... c'est-à-dire que c'est chaque fois Dieu lui-même que nous considérons, puisque Dieu est, par définition, le Tout. Alors que, pour la Raison, Dieu n'apparaissait directement nulle part (puisqu'il était symbolisé par le Néant, ou le zéro), au contraire pour l'Intuition Dieu va apparaître partout, qu'il soit acte ou pensée. On conçoit que ces deux « logiques », celle de la Raison et celle de l'Intuition, vont conduire à deux approches *très* différentes de l'Univers, mais *complémentaires* l'une de l'autre.

D'autant que, comme on y est conduit très vite tout naturellement, l'Intuition du Tout, dès qu'on la « perçoit » dans chaque chose, entraîne que chaque chose est, comme nous l'avons déjà précisé, *à la fois* ce qu'elle est *et son contraire*. C'est ce qui faisait écrire au professeur Izutsu, qui enseigne à l'université de Tokyo, une phrase que j'ai déjà citée, mais si importante que je n'hésite pas à la répéter : « Une fleur est une fleur, mais aussi tout sauf une fleur, c'est-à-dire aussi le contraire d'une fleur ; à vrai dire, cette fleur n'est rien, mais cependant c'est une fleur. »

3. L'Intuition : pour quoi faire ?

C'est une question que nous devons nous poser : en effet, la Matière vivante nous a montré qu'elle a toujours « inventé » des nouvelles structures, au cours du temps, et que ces structures cherchaient à améliorer l'adaptation de l'Organisme vivant à l'Univers. L'objectif (au moins à long terme) était un développement de la Conscience. Certes, l'Univers paraît être comme nous tous, il « cherche » et, de temps en temps, abandonne une voie qu'il avait ouverte, et semble même quelquefois revenir en arrière. Mais, finalement, c'est toujours « reculer pour mieux sauter », et toute l'évolution nous montre (comme l'avait déjà noté Pierre Teilhard de Chardin) qu'un progrès continuel est fait, progrès au cours duquel les Organismes vivants sont de mieux en mieux adaptés à leur milieu et, surtout, où la Conscience est toujours en développement.

Alors, encore une fois, pourquoi la Matière vivante, en évoluant, a-t-elle développé un « second » regard pour l'aider à se comporter dans l'Univers, le regard de l'Intuition ?

Il faut d'abord noter clairement la « chronologie » de ce développement des structures de la Matière. On se rappelle que, quand on a étudié la Relativité complexe, on a trouvé une « double » solution pour le « regard » des éons, donc aussi celui de la Matière vivante. Mais il existe une autre Matière, qui ne possède pas de structure « mentale », c'est la Matière que nous avons nommée « préon » (et qui est électriquement neutre). Cette Matière est uniquement dotée d'un seul regard qui aperçoit à chaque instant l'ensemble de son Univers « extérieur », c'est le regard *de l'Esprit*; c'est, finalement, le regard *de l'Intuition*. En d'autres termes, il y a une Matière qui ne porte que l'Esprit, c'est la Matière décrite par la structure préonique, non électriquement chargée, et une Matière qu'on a qualifiée de « vivante », décrite par le modèle éonique de la particule, donc électriquement chargée, et qui comporte, en plus du regard psi de l'Esprit, la fameuse « mémoire » dont la Physique a mis si longtemps à se soucier. Cette dernière Matière, la Matière vivante, est donc dotée d'un *double* regard, un regard tourné exclusivement vers son monde « extérieur », tout semblable à celui de la Matière préonique, et qui est le regard de l'Esprit (donc aussi celui de l'Intuition), et un regard « nouveau » (ou plutôt découvert récemment par la Physique), qui examine le monde « intérieur » de la particule, c'est-à-dire son « Mental ». Nous avons vu que ce second regard est celui *de la Raison*. Autrement dit, la Matière comporte *dans tous les cas* le regard de l'Esprit, celui de l'Intuition, qu'il s'agisse de Matière « non mentale » ou de Matière « mentale » (c'est-à-dire « vivante »). Mais seule la Matière dotée du Mental, donc la Matière vivante, possède *à la fois* le regard de l'Esprit et celui du Mental — le regard du monde extérieur et celui du monde intérieur, le regard de l'Intuition qui « perçoit » la totalité de l'Univers et le regard de la Raison qui est « personnel » et « voit » le monde intérieur construit essentiellement pour la culture. Pour rejoindre la terminologie de la psychologie junguienne, psychologie à laquelle je suis on le sait très attaché, je dirais que la Matière vivante possède à la fois un Soi qui la lie à la totalité de l'Univers et un Moi qui la lie à elle-même, tandis que la Matière non mentale, celle à structure préonique, ne possède qu'un Soi, celui du regard de l'Esprit, qui la lie à la totalité de l'Univers.

Maintenant je pose cette question : Le développement qui accompagne l'évolution a-t-il commencé par uniquement une Matière « non mentale » (c'est-à-dire non vivante), pour se poursuivre ensuite par la Matière « vivante » ? La réponse ne fait aucun doute : il y avait *dès le « commencement »* de l'Univers à la fois les structures préoniques et éoniques, la Relativité complexe nous le confirme ; il y avait donc les structures de la Matière « vivante » et celles de la Matière ne disposant que de l'Esprit, c'est-à-dire une conscience du Tout. Mais, comme nous l'a expliqué encore la Relativité complexe, ce qui s'est développé au cours du temps, c'est *la mémoire* (le Mental) de la Matière vivante, ce Mental franchissant au cours de l'évolution des « seuils » successifs, pour conduire de la Matière vivante simplement minérale à la Matière vivante végétale, puis animale, puis humaine... et sans doute ultra-humaine dans d'autres régions de l'Univers.

Ce que nous a appris encore la Relativité complexe, et sur quoi nous insisterons ici, c'est que toutes les structures de l'Univers, qu'elles soient simplement dotées d'Esprit ou à la fois dotées d'Esprit et de mémoire, portent l'Esprit, c'est-à-dire possèdent le regard de l'Intuition pour se situer dans la totalité de l'Univers. L'Intuition, pour quoi faire ? disais-je au début de ce paragraphe. En fait, j'aurais dû dire : la Raison pour quoi faire, car toute la Matière possède l'Intuition, alors que, au cours de l'évolution, c'est la Raison qu'on voit se développer, l'Intuition restant ce qu'elle était au début du monde, c'est-à-dire un regard permettant de se situer par rapport à l'Univers *entier*. Il est vrai que cette Intuition paraît avoir été délaissée, au moins à l'échelle humaine, au cours des derniers millénaires, sans doute à cause précisément du développement de la Raison : mais on devrait plutôt parler de la « retrouvaille » de l'Intuition, qui est sans doute le « regard » le plus répandu dans l'Univers (puisqu'il concerne aussi bien la Matière vivante que la Matière non vivante), et c'est donc l'Intuition qui a permis, plus tard, l'« envol » de la Raison (et non le contraire).

Mais, en fait, notre question est néanmoins toujours valable : l'Intuition, pour quoi faire ? Ne pourrait-on, au moins aujourd'hui et chez la race humaine terrienne, « laisser tomber » l'Intuition comme « aide » au développement de notre évolution (de notre Conscience) ? Ne pourrait-on pas se contenter, pour cette « aide », de la Raison ?

Poser la question est aussi, à mon avis, y répondre. Car vous trouvez, vous qui posez cette question, que le monde de la planète Terre « tourne » actuellement si bien ? Que les relations humaines sont si bonnes ? Que nous savons nous y retrouver de manière acceptable parmi les présupposés contradictoires de notre « Culture » ? On aurait certes besoin de jeter un coup d'œil, au moins de temps en temps, avec ce qu'il reste de notre Intuition, sur la totalité de l'Univers : cela nous aiderait peut-être à discerner notre chemin dans la forêt de la confusion ? En tout cas, je crois pour ma part, et je l'ai déjà dit, « qu'on marche mieux sur ses deux jambes que sur une seule », et que si l'Univers nous a donné (et même en priorité) le regard de l'Esprit (c'est-à-dire de l'Intuition), en plus du regard de la Raison (souvent défaillant), c'est pour que l'on s'en serve. Jésus ne nous a-t-il pas d'ailleurs promis que, quand les choses iront trop mal, « il nous enverra son Esprit » ?

4. *L'Intuition et le regard sur le Tout*

L'Intuition porte le regard de l'Esprit. On se souvient (Relativité complexe) que l'onde psi qui « matérialise » ce regard est une onde provoquée par les deux mouvements (circulaire et radial, spin et pulse) du neutrino qui se déplace dans la partie préonique du modèle de la Matière. Les « conditions initiales » de cette onde psi sont données par le monde extérieur au modèle particulaire. En bref, cela veut dire que le regard de l'Esprit sur son monde extérieur est ce qui associe la particule individuelle de Matière à *la totalité* de l'Univers, à ce que nous avons aussi nommé le Tout. Ce regard sur le Tout doit être soigneusement distingué du regard du Mental (et non de l'Esprit), qui est un regard essentiellement tourné vers la mémoire de la particule, vers ce que nous avons nommé son monde « intérieur ». Nous appellerons désormais regard « sigma » ce regard du Mental, pour le distinguer du regard psi de l'Intuition. Le regard sigma est le regard de la Raison, ses conditions initiales sont essentiellement les éléments de mémoire qui sont personnels à la particule de Matière, ces éléments de mémoire venant exprimer les divers « présupposés » que la particule vivante de Matière a accumulés pendant son existence. On peut encore dire, pour se raccorder encore une fois à une terminologie qui nous est plus familière, à savoir la terminologie de la psychologie, que le regard psi de l'Intuition relie la particule à l'ensemble de l'Univers, c'est-à-dire à son Soi, et que le regard sigma de la Raison relie la particule à l'ensemble de son monde intérieur, c'est-à-dire à sa propre mémoire, à son Moi.

Nous nous intéressons particulièrement ici à ce regard psi de l'Intuition. Il permet à la particule, ou à l'Organisme si c'est un ensemble de particules ayant même mémoire, d'avoir une vision globale de l'Univers entier. Ceci est rendu possible, souvenons-nous-en, parce que l'onde psi de ce regard se propage à vitesse infinie (vitesse de phase) autour de la particule, et par conséquent « explore » à chaque instant l'ensemble de l'Univers, dont les « Formes » constituent à chaque instant les conditions initiales (qui généralement se modifient à chaque instant). C'est parce que l'onde psi de l'Intuition « épouse » tous les contours de l'Univers que nous pouvons dire que chaque particule de Matière est continuellement reliée au Tout.

Le Tout est-il l'équivalent de Dieu ? Nous sommes tenté de répondre par l'affirmative, car Dieu n'est-il pas la totalité de l'Univers ? La particule individuelle serait ainsi à chaque instant reliée à Dieu, mais elle ne serait pas néanmoins Dieu lui-même. Elle est « dans » Dieu, et comme elle en épouse tous les contours on peut aussi dire, par extrapolation, qu'elle est Dieu. Et on voit s'éclairer deux aspects :

— On voit ici un nouvel exemple du fonctionnement de ce que nous avons appelé la pensée paradoxale : l'Esprit, en nous présentant le Tout, nous présente en même temps une chose et son contraire ; et plus généralement une chose et ce qui n'est pas cette chose.

— On voit aussi le sens de la parole biblique : le Verbe est près de Dieu et le Verbe est Dieu. Il existe une liaison continuelle, par l'intermédiaire du regard psi de l'Esprit, entre le Verbe personnel et le Tout collectif (c'est-à-dire aussi Dieu).

5. Un Dieu « créateur », avant toute chose

Mais ici quelque chose nous « chiffonne », qui nous avait déjà causé un souci quand on a parlé du regard de la Raison : doit-on dire que le Tout est complètement assimilable à Dieu ? Nous sommes à la recherche d'un Dieu « créateur », le Dieu qui aurait « créé » l'Univers, et le mot « créer » veut dire « produire à partir de rien ». Nous avons, en étudiant le processus de la Raison, conclu qu'il ne pouvait y avoir de Dieu produisant quelque chose (l'Univers) à partir de rien que si, à chaque instant, s'égalaient les énergies positive et négative, et donc que l'Univers de chaque instant avait une énergie nulle. Et nous avions dans ce cas symbolisé Dieu par le Néant, et plus précisément le chiffre zéro. Mais, à bien y regarder, nous avons de cette manière rendu l'existence de Dieu *compatible avec la Physique* (conservation de l'énergie), mais nous ne nous sommes pas conformé à la définition que nous voulions donner de Dieu, à savoir celle d'un Dieu « *créateur* ». Nous n'avons pas défini Dieu en reconnaissant son pouvoir « créateur » (c'est-à-dire un Dieu qui « crée » l'Univers à partir de rien), mais en disant seulement qu'il a « séparé » une énergie nulle en énergie positive et énergie négative. Nous avons défini un Dieu « différenciateur » (transformant l'Univers en changeant l'énergie nulle du Néant en énergies des deux signes), mais non pas un Dieu « créateur » (qui fait apparaître l'Univers à partir « de rien »).

À plus forte raison si on veut assimiler Dieu au Tout : ce qu'on définit ici c'est un Dieu « d'union », il a uni toutes choses existantes dans le Tout, et c'est ce Tout que nous découvre le regard de l'Intuition. Mais Dieu est encore plus que cela, c'est un Dieu « créateur », qui peut unir les différentes « personnes » individuelles dans un même Tout, mais qui au départ est le Dieu « créateur » de ce Tout.

Autrement dit, nous voyons que le Dieu de notre Univers est un Dieu « personnel » (il sait différencier les choses en « personnes » individuelles) et aussi un Dieu « d'union » (il sait unir les choses dans un même Tout), ce que nous avions déjà appris par les Écritures. Bien sûr que Dieu doit être *aussi* « compatible » avec les lois actuelles de notre Connaissance, donc satisfaire en particulier au principe fondamental de conservation de l'énergie. Mais Dieu est bien plus que cela, il est un Dieu « transcendant » l'espace et le temps, c'est un Dieu qui n'est contingent ni à l'espace ni au temps, c'est celui qui a créé l'espace et le temps eux-mêmes : c'est avant toute chose un Dieu « CRÉATEUR ».

La Raison et l'Intuition comme chemins vers Dieu

Sans doute Dieu lui-même, comme nous venons de le voir, est un être « transcendant », et on ne peut, pour cette raison, « communiquer » directement avec lui par aucun moyen. Prétendre le contraire serait, précisément, ne pas reconnaître sa qualité de « transcendance ». Mais nous pouvons emprunter les chemins qui se dirigent vers Dieu ; et, pour cela, la Matière dispose de deux types de pensées : la Raison et l'Intuition. Nous allons le préciser une nouvelle fois.

La Raison nous apporte une lumière sur la représentation de ce que nous sommes. Nous constatons, notamment après la Relativité complexe, que nous disposons d'un double regard pour prendre connaissance du monde extérieur « collectif » et du monde intérieur « personnel ». Nous ne sommes pas « faits » seulement de Matière brute comme la Science nous l'a longtemps proposé. Toute la Matière, qu'elle soit vivante ou non, est dotée d'un centre de conscience, qu'on nomme l'Esprit. De telle sorte que nous pouvons dire que la Matière de tout l'Univers est dotée d'un caractère « spirituel ». D'autre part, la Matière « vivante », celle qui est composée d'éons, est dotée d'une structure « mentale », qui accumule dans une mémoire son expérience de l'Univers depuis que cette Matière est « née ». C'est cette structure mentale qui permet de dire que la Matière vivante « sait ». Mais quand ce savoir est situé, grâce à l'Esprit, par rapport à la totalité de l'Univers (Tout), alors la Matière vivante non seulement « sait », mais encore « sait qu'elle sait ». C'est ce que Teilhard de Chardin appelait le franchissement du seuil de la conscience. Au lieu d'avoir simplement une conscience purement intuitive de l'Univers, l'Organisme (ou la particule individuelle de Matière) possède une conscience « réfléchie » de l'Univers, c'est-à-dire que les éléments de son expérience vont venir se mémoriser dans son Mental. Cette connaissance au moyen de la Raison, que l'être va acquérir de lui-même et de son Univers, est, en fait, une approche de Dieu. En effet, la Conscience de la Matière individuelle est en continuelle élévation (élévation de sa néguentropie), et on peut assimiler Dieu à une Conscience infinie. On peut aussi dire que cette Conscience augmente par sauts « discontinus » chez le Verbe (l'Univers créé), et ne saurait jamais atteindre la Conscience de Dieu, assimilée à un infini continu. En d'autres termes, la « créature » ne saurait jamais atteindre la Conscience de son créateur (Dieu), alors que cette Conscience de la structure créée augmente cependant sans cesse avec l'âge de l'Univers.

L'autre chemin vers Dieu est celui de l'Intuition. Ici le processus logique sur lequel on s'appuie est très différent. L'Intuition, nous l'avons vu, permet d'avoir une approche de la totalité de l'Univers, une approche de ce que nous avons nommé le Tout. Une chose est alors à la fois cette chose et son contraire, et plus généralement elle est à la fois ce qu'elle est et tout sauf ce qu'elle est. Il faut naturellement s'habituer à manier cette nouvelle logique, bien loin de la logique sur laquelle s'appuie habituellement la Raison. C'est la logique de l'Intuition, qui dit qu'une chose est à la fois son « existence » et son « essence ». L'Intuition nous présente les choses sous forme de ce qu'on nomme la « sensation primordiale », ne s'appuyant sur aucun « raisonnement », ni même sur aucun mot. On doit même « faire taire » pour un moment la voix de la Raison si l'on veut pouvoir tirer un véritable profit de la voix « silencieuse » de l'Intuition. Car l'Intuition est, avant tout, la voix du silence, de la méditation, une voix où la Raison n'a plus cours. C'est l'Univers *entier* à la rencontre duquel on va ; mais on ne peut tirer de cette rencontre, qui est une rencontre sur le chemin de Dieu, qu'une sensation dont on ne peut parler à autrui. C'est une rencontre qui est incommunicable par nature, une rencontre qui vous enrichit d'une substance dont on ne saurait dire ce qu'elle est. C'est le domaine de la pensée paradoxale et des lumières de l'invisible.

Le chemin de l'Intuition est, par exemple, celui de la prière ; celui de la méditation dans le silence d'une église ; celui qui vous emmène vers la contemplation des étoiles ; mais aussi, tout simplement, le doux frisson qui accompagne le bruit d'une grenouille qui saute dans l'eau ; ou la seconde d'extase où peut nous transporter l'amour. Vous sortez de ces expériences, je le crois, en étant devenu « autre » ; encore qu'il vous sera toujours très difficile de pouvoir dire ce qu'il y a de changé en vous.

Dieu et la notion de « Bien et de Mal »

On a défini Dieu comme un Dieu créateur. C'est lui qui a créé l'Univers ; et créer veut dire « créer », c'est-à-dire faire sortir du Néant à partir de rien. Ici il faut être extrêmement rigoureux avec le langage, il n'est pas question de chercher une « échappatoire » comme, par exemple : Je ne prétends pas que Dieu est celui qui a créé l'Univers à partir de rien, mais celui qui transforme l'Univers à partir d'une énergie initiale (opinion du physicien américain bien connu George Gamow). Qui, alors, aurait donné cette énergie initiale, qui l'aurait « créée » ? C'est lui que, à juste titre, on devrait appeler Dieu.

Qu'on ne se fasse pas d'illusions : je n'ai pas résolu ce problème, je n'ai pas trouvé le « créateur », qui garde pour moi (et d'ailleurs, à ma connaissance, pour tout autre aussi) son mystère. Mais je revendique de ne pas ignorer ce mystère, de dire qu'il est fondamental quand on « cherche Dieu ». Il est fondamental parce que ce mystère reconnaît, *ipso facto*, le caractère transcendant de Dieu : celui-ci n'est pas quelque chose qu'on va pouvoir situer dans l'espace et le temps. Il vaut mille fois mieux, à mon avis, reconnaître le côté transcendant de Dieu que de vouloir dire (comme je l'ai maintes fois entendu) que c'est un « faux problème », ou qu'« il suffit de considérer les transformations de l'Univers qui ne font pas appel à une création », que ce serait suffisant pour fournir une représentation *complète* de l'Univers ; et il est peut-être pire encore de penser qu'on a à peu près résolu le problème à l'aide de la Foi : Dieu serait l'être parfait qui a la solution de tous les problèmes... mais on va se conter des mythes plus ou moins compliqués pour expliquer pourquoi « nous ne pouvons pas comprendre ».

On me dira que je n'ajoute pas grand-chose de plus en déclarant que Dieu est le créateur de l'Univers, et qu'il est transcendant par nature, donc ne peut être situé dans l'espace et le temps. Je dis cependant aussi que je n'ai pas de solution pour Dieu, que je crois qu'il peut être défini comme le créateur de l'Univers (car il existe un Univers, je le vois, ne serait-ce que par la pensée), mais je me refuse à prêter à Dieu des attributs précis quels qu'ils soient ; en particulier, Dieu ne peut être l'objet d'aucune représentation, aucune image, aucune qualité... et, en particulier encore, nul ne peut prétendre que celui qu'il nomme Dieu pourrait avoir une opinion sur le Bien et le Mal, et *a fortiori* ne faire que le Bien.

Pourquoi cette intransigeance ? Parce que, c'est banal de le dire, le problème de Dieu est un problème difficile, sans doute le plus difficile qui soit posé à la pensée, et il faut exiger une extrême cohérence dans toutes les paroles que l'on va dire concernant ce problème. Il faudrait que les affirmations ne puissent être contestables par quiconque, qu'en somme ces affirmations soient, comme Dieu lui-même, des « absolus ». Je peux définir Dieu comme le Dieu créateur de l'Univers, nul ne pourra le contester, ou en tout cas contester le fait que l'Univers existe, et c'est alors une simple « définition » de nommer Dieu le « créateur » de cet Univers, qui « existe » sans nul doute. Mais je ne veux pas aller plus loin, au moins pour le moment, dans cette définition... car je n'ai aucun argument absolu, un argument que nul ne pourrait contester, qui viendrait s'ajouter à ce que j'ai déjà dit de Dieu : Dieu est le créateur de l'Univers. Je ne saurais ajouter un mot à cette définition.

Certes, je voudrais bien pouvoir donner une idée de la relation entre Dieu et le Bien et le Mal, problème qui est « vieux comme l'Univers », c'est le cas de le dire. On le trouve dans la Bible, le Coran, les textes sacrés de l'Orient, la pensée primitive. Mais que « pense » Dieu du Bien et du Mal ? Suis-je même en droit de croire que Dieu « pense », ce qui est plus qu'anthropomorphique ? Je n'ai pas de réponses à de telles questions, je sais seulement que je ne suis pas en droit de répondre pour Dieu lui-même, que le silence est ici bien préférable pour trouver notre chemin.

1. *Dieu et la notion de Valeur*

L'idée de Dieu nous pose la question fondamentale, quand il « crée » l'Univers entier sans, apparemment, faire appel à aucune énergie. Même le « subterfuge » d'avoir été inventer les énergies positive et négative, de telle sorte que l'Univers soit continuellement d'énergie nulle, est un argument qui n'est pas à la hauteur de ce qu'est un véritable Dieu créateur. Séparer une énergie nulle en énergies des deux signes est un moyen de satisfaire à la conservation de l'énergie, on a alors une explication de la création qui satisfait la Science, ou est au moins compatible avec elle ; mais il reste que l'« acte » important est celui qui crée *deux* énergies de signes contraires à partir d'une énergie nulle... et cela reste un acte inexplicable, et qui conserve (en tout cas pour le moment) le caractère transcendant de la notion de Dieu.

Alors, puisqu'on ne peut rendre compte par la connaissance actuelle du premier « acte » de Dieu, celui où il partage « ce qui est » en plus et en moins, et que ce faisant il « crée » véritablement l'Univers tel que nous en prenons conscience, est-ce la peine de poser à Dieu une question aussi « subjective » que celle du Bien et du Mal ? De toute évidence, le Bien et le Mal ne posent d'ailleurs des problèmes « éthiques » qu'à une partie seulement de la création, à savoir l'humain : cela vaut-il, encore une fois, la peine de tenter d'obtenir une réponse directement de Dieu lui-même ? Comment Dieu, qui est un être transcendant, peut-il avoir un avis sur le Bien et le Mal, qui ne paraissent concerner que l'Homme ? Certes, l'humain a coutume de partager, depuis des temps immémoriaux, ce que fait l'Homme en Bien et en Mal, mais dans quelle mesure l'Homme n'a-t-il pas voulu « jouer » ainsi à être Dieu lui-même, en accomplissant lui aussi le partage de ses actes, non pas en énergies positive et négative, mais en Bien et en Mal ?

Regardons un peu comment fonctionne l'Univers, qui est la création de Dieu, pour essayer d'en apprendre « indirectement » sur la nature de Dieu lui-même, faute de pouvoir obtenir directement une réponse par sa voix sur le problème crucial du Bien et du Mal. Il y a une loi qui « pilote » l'Univers, et qui paraît valide à l'échelle de l'Univers entier. Les créatures de Dieu, c'est-à-dire les créatures vivantes, semblent toutes soumises à une loi qui n'admet pas d'exception : elles ont besoin d'énergie pour survivre, et avant tout de se nourrir. Or que font-elles pour se nourrir ? Elles se nourrissent des autres vivants ; ou plutôt le monde est tel qu'un être vivant, humain, animal ou végétal, trouve sa subsistance en dévorant les autres vivants : l'humain ne peut vivre qu'en se nourrissant de l'animal et du végétal, l'animal en dévorant d'autres animaux ou des végétaux, et les végétaux en transformant le minéral en végétal (synthèse chlorophyllienne). Mais l'humain n'a-t-il pas condamné comme « Mal », au moins pour les relations entre humains, l'acte de tuer ? Est-il possible de considérer comme une « grande loi » de l'Univers une loi qui ne serait pas valable pour l'Univers entier, mais qui ferait exception pour le comportement humain, puisque chez les humains on semble considérer comme Mal les coutumes anthropophages, où on se dévore l'un l'autre ?

Nous sommes donc dans l'alternative suivante, et il faut bien que nous regardions cette alternative en face (qui a dit qu'il n'y a pire aveugle que celui qui ne veut pas voir ?) : ou bien nous admettons que Dieu a construit l'Univers de telle manière que les êtres qui le peuplent ne puissent pas subsister sans se tuer les uns les autres, ou bien « se tuer les uns les autres » n'a pas, à l'échelle de l'Univers *entier*, la signification « de valeur » que l'Homme lui prête, puisqu'il interdit pour lui-même l'acte de tuer (au moins théoriquement) ceux qui sont de la même espèce que lui, c'est-à-dire les humains. Les humains ne peuvent donc pas « survivre » en mangeant les autres, ou en tout cas « c'est mal ».

J'entends déjà ceux qui vont s'écrier que cette notion de Mal ne concerne que l'Homme, que les commandements de la religion chrétienne, et de la plupart des religions d'ailleurs, interdisent à l'Homme de tuer son prochain, et que je fais ici un « mauvais procès » à Dieu lui-même.

Mais n'est-ce pas là une « échappatoire » un peu trop facile, et cette « échappatoire » devrait-elle être un argument valable quand la connaissance vient nous démontrer que *tout* cet Univers est formé de Vivant, et que des « lois » générales doivent être sans distinction applicables aux vivants *dans leur ensemble*, et pas seulement aux humains ? Que dirait-on, nous les humains, si des « ultra-humains » (existant éventuellement déjà sur d'autres planètes) venaient nous proposer certaines lois qui ne sont applicables *qu'à eux*, les « ultra-humains »... comme par exemple le droit pour ces ultra-humains de dévorer des humains, alors qu'ils interdisent aux ultra-humains de se tuer l'un l'autre ? Certes, on pourrait alléguer que les humains sont d'une espèce tellement « inférieure » aux ultra-humains qu'il leur est « naturel » de s'octroyer ici le droit de survivre en tuant ces espèces inférieures, mais c'est en tout cas une

« exception » qui met très « mal à l'aise »... les humains s'entend.

Aussi je persiste et confirme. Et, puisque ça à l'air de vous chiffonner, messieurs et mesdames les humains, que je vous traite à l'aide des lois que j'applique sans sourciller *aux autres* espèces vivantes, je vais rester dans le règne humain. Mais, je vous avertis : je vais devoir vous mettre quand même « les points sur les i ».

Comment appelle-t-on les meurtres continuels qui se perpétuent à l'échelle de toute la planète Terre et qu'on nomme « avortements » ? Pourquoi ne pas les appeler « homicides », ce qui serait naturellement plus exact ? Comment nomme-t-on les homicides incessants faits par l'Homme, homicides qu'il nomme (pour cacher son acte) « raison d'État », ou qu'il camoufle encore davantage en expliquant que le crime est commis contre un « ennemi », ce terme visant ceux qui jouent les « trouble-fête », ou vous dérangent, ou simplement réclament « leur part du gâteau » ? Pourquoi ne pas souligner que ces crimes se font le plus souvent « en toute bonne conscience », car on a commencé par se donner les présupposés nécessaires qui font « qu'on a raison » ; et que pour finir nos actes, même s'ils paraissent violents, reviennent « à faire le Bien de l'Humanité ». En somme, il y aurait les humains « bien », et les autres : et ces « autres », c'est « sain » de les faire disparaître par tous les moyens !

Mon Dieu, sauf votre respect, pourriez-vous nous aider un instant à y voir clair, puisque cette humanité semble s'être égarée et ne trouve plus son chemin ?

« Si tu veux que Dieu t'aide, dit un très ancien proverbe, commence par t'aider toi-même. » Et, d'abord, peut-on essayer de comprendre les raisons qui appuient notre comportement chaque fois que nos actes prétendent nous « autoriser » à faire ce qu'en d'autres circonstances on considérerait comme le Mal ? Ou plutôt, comment est-il possible que, en s'appuyant sur les arguments de la Raison, on puisse arriver à des conclusions diamétralement opposées : « en toute bonne conscience », l'application de la Raison suggère parfois d'« éliminer », voire de tuer, des humains — ces mêmes humains qui, eux aussi en toute bonne conscience, ont également des « raisons » pour « tuer » ceux qui s'apprêtent à tenter de les tuer pour des motifs « raisonnables » ? La guerre, après tout, c'est ça. Et la guerre entre humains, cela existe sur notre planète depuis... toujours.

2. La Raison et l'Intuition de nouveau

La Relativité complexe, qui a proposé un « modèle » de la Matière telle que nos connaissances scientifiques actuelles la voient, a fait apparaître un aspect de cette Matière qui, je le crois, prendra une importance toujours plus grande. La Matière possède un *double* « regard » pour considérer l'Univers qui nous entoure et elle-même : la Raison et l'Intuition. Nous allons le préciser une nouvelle fois (« Vingt fois sur le métier remettez votre ouvrage... », Boileau).

- D'abord chaque particule de Matière possède un Mental (mémoire) qui lui permet de considérer l'Univers entier en se référant *à elle-même*, c'est ce que je nommerai le regard du Mental, toujours basé sur les « présupposés » que la particule de Matière a enfermés dans sa mémoire au cours de son existence. Ces présupposés, bien entendu, varient nécessairement d'une particule de Matière à l'autre, puisque chaque particule possède sa mémoire (son Mental) individuelle. Je dirai que ce regard du Mental conduit à un jugement sur une chose de l'Univers, quelle que soit cette chose, qui est toujours RELATIF, et plus précisément relatif aux présupposés de la mémoire de la particule individuelle de Matière. Si la particule de Matière avait eu une existence différente, et donc d'autres présupposés formant la base de sa mémoire, c'est-à-dire aussi la base de sa Raison, elle aurait sur la même chose de l'Univers un jugement différent. Tout ceci est bien connu, car nous sommes comme les particules individuelles de Matière (puisque nous sommes constitués de ces particules), le regard du Mental, qui fonctionne en s'appuyant sur notre Raison, n'est JAMAIS un regard qui nous permet d'émettre sur l'Univers un jugement « absolu », le Mental ne nous permet de fournir sur l'Univers que des jugements « relatifs ». Il faut bien comprendre que cette relativité du regard du Mental est générale, et va concerner aussi une notion qui nous préoccupe beaucoup, à savoir celle de Bien et de Mal. Comme on voudrait pouvoir donner avec notre Mental des jugements « absolus »! Mais c'est impossible, notion de Bien et de Mal va toujours dépendre des présupposés de notre Raison ; et, comme je l'ai souligné dans un autre ouvrage (*Le Tout, l'Esprit et la Matière*), on démontre qu'il est *toujours* possible de développer un raisonnement de manière que le même objet de l'Univers, qu'on avait d'abord cru « blanc », apparaisse finalement « noir » comme conclusion à la Raison. En d'autres termes, le même objet, ou le même comportement, sera jugé par le même individu blanc ou noir, suivant les présupposés qu'il aura adoptés pour considérer cet objet, ou ce comportement. Pire ! On finira toujours, en partant d'un jeu donné de présupposés, et en élargissant ce jeu de présupposés pour représenter une plus grande région de l'Univers, en prenant garde toutefois de n'admettre que des présupposés compatibles entre eux (donc non contradictoires), on finira, disais-je, par arriver à une *contradiction* dans le cheminement de la Raison : la même chose qui à un certain moment nous est apparue comme « blanche » va finir par nous apparaître, au cours d'une analyse plus « poussée » de la Raison, « noire » (théorème de Gödel). La faute en incombe au fonctionnement de la Raison : celle-ci se réfère toujours aux présupposés de notre Mental, et ces présupposés ne sont jamais assez riches pour nous faire jouer « au Bon Dieu », c'est-à-dire notamment nous faire séparer de manière absolue le Bien du Mal. C'est la « vieille » histoire d'Adam et Ève au Paradis, qui touchent à l'arbre du Bien et du Mal... et découvrent que la Raison va leur donner une ambiguïté « originelle » : ils ne pourront pas distinguer de manière absolue le Bien du Mal, et ils prendront conscience de cette ambiguïté en constatant que certains humains appellent inévitablement Bien ce que d'autres humains appellent Mal, et vice versa. Et que, de toute manière, la Raison ira toute seule vers une contradiction : elle découvrira qu'une chose peut être à la fois elle-même et son contraire... ce que la « Raison raisonnable » refuse généralement.

• Mais le « modèle » de la particule de Matière offert par la Relativité complexe nous montre que cette particule dispose *d'un autre* regard, qui ne va pas se référer cette fois-ci à notre Mental individuel et à sa mémoire, mais directement à l'Univers *entier* : c'est ce que nous nommerons le regard de l'Esprit, ou encore le regard de l'Intuition (et non plus de la Raison). Parce que ce regard s'appuie sur l'Univers entier, c'est cette fois-ci un regard « absolu », il sera absolu pour toutes les particules de Matière de l'Univers. Ce regard de l'Intuition marque notre appartenance à l'Univers entier : nous sommes à la fois une individualité dans l'Univers (regard du Mental ou de la Raison) et nous sommes aussi solidaires de tout l'Univers (regard de l'Esprit ou de l'Intuition). Mais, cette fois-ci, avec l'Intuition, notre manière de considérer l'Univers est toute différente : parce que nous nous appuyons sur *tout* l'Univers, une chose est à la fois essence et existence, elle est à la fois ce qu'elle est et ce qu'elle n'est pas, et même le contraire de ce qu'elle est. Elle devient ce qui était inacceptable à la Raison. C'est l'Intuition qui a maintenant cours, on ne pourra émettre au sujet de cette chose *que* des jugements paradoxaux, interdits par la Raison (qui s'efforce au contraire de n'être jamais « paradoxale »).

Autrement dit, *deux* voies sont à la disposition de la particule de Matière pour émettre des jugements sur elle-même et l'Univers :

— *La voie de la Raison*, où la particule se considère comme une individualité, et dit : « Je suis un Moi dans l'Univers » ; mais elle devient incapable de séparer le Bien du Mal, la notion de valeur devient toute relative et dépend des présupposés dont le Mental individuel s'est doté. À un certain moment la Raison débouche de toute manière sur une contradiction, et devient alors inutilisable (au moins directement).

— *La voie de l'Intuition*, où la particule se considère comme l'Univers entier, et dit : « Je suis l'Univers lui-même » ; mais les notions de Bien et de Mal n'ont plus aucun sens, ou ne peuvent être « ressenties » que comme : « Je suis à la fois le Bien et le Mal, et cependant ni le Bien, ni le Mal. » L'expérience de l'Intuition, incommunicable à autrui, émerge cependant sur un élargissement personnel de la Conscience, qui entraînera un peu plus tard une modification de nos présupposés (création), et donc un départ nouveau de la Raison.

Dieu et nous

Doit-on attendre de Dieu qu'il prenne part à l'évolution de cet Univers, dont il est supposé être le Créateur ? Ou bien, formulé d'une autre manière, car je ne peux imaginer qu'un Créateur soit complètement séparable de sa création : Est-il pensable que Dieu puisse avoir à ce sujet un véritable « dialogue » avec sa création, et que, par exemple, « on puisse savoir ce qu'il veut » (en dépit du fait que nous avons conclu que le Dieu « créateur » de l'Univers était un être transcendant) ?

D'autre part, dans quelle mesure notre « double regard », ce double regard que possède la simple particule élémentaire de Matière et qui se retrouve chez tous les Organismes vivants de l'Univers, je veux parler ici des regards de la Raison et de l'Intuition, dans quelle mesure ce double regard nous permet-il de nous situer exactement dans notre Univers, c'est-à-dire est un regard qui ne risque pas de nous présenter parfois des « mirages » ?

Je reviens d'abord sur la définition que j'ai fournie du Dieu créateur de « ce qui est », c'est-à-dire le Créateur qui se place à l'origine même de l'Univers, avec tout ce que contient ce dernier, puisque c'est ce Créateur qui a différencié le Néant en deux parties « qui sont ». Ces deux parties, en quelque sorte, « s'emboîtent » l'une dans l'autre, exactement comme le Yin et le Yang des anciens Chinois de Lao Tseu, ou le chaud et le froid des Grecs d'il y a deux millénaires ; ou, plus près de nous, les énergies respectivement positive et négative composant l'Univers entier, et dont se sert aujourd'hui la Physique pour proposer sa représentation du monde.

Ce Créateur doit être d'abord distingué du Tout. Il

y a quelques années, je faisais moi-même cette confusion : je considérais l'Univers dans le cadre de ce qu'on nommait, en mathématiques, la théorie des ensembles. Et j'appelais « Tout » l'ensemble qui, par définition, comprenait tous les éléments de l'Univers. « Je ne sais pas qui est Dieu, déclarais-je à ce moment-là, mais je sais qu'il fait partie de l'ensemble des êtres ou des choses de l'Univers, notamment de l'ensemble de mes pensées, car quel qu'il soit il fait partie du Tout. » Partant de cette idée, je considérais Dieu comme un personnage dont il ne me semblait pas impossible, au moins en principe, de donner un jour une représentation, car tout ce qui se trouvait dans l'Univers était susceptible d'être représenté. Autrement dit, Dieu pouvait être pour moi un « mystère », car je ne le connaissais pas bien encore, mais il avait cependant certaines « qualités », il n'était nullement un mystère « par principe », il était accessible à mon entendement, même s'il était encore bien au-delà de cet entendement.

Jusqu'au jour où, au cours d'une conférence où je venais de faire précisément un exposé sur la nature de l'Univers et de Dieu, quelqu'un me fit remarquer que ce que je nommais Dieu était en fait le « créateur » du Tout, le créateur de l'Univers, et non pas l'Univers lui-même : sans ce Dieu créateur l'Univers n'aurait pas d'existence, et il était donc illogique de considérer ce Dieu, au moins ainsi défini, comme une partie de l'Univers, une partie du Tout. Le Dieu créateur devait être regardé comme « transcendant » l'Univers lui-même, c'était le « mystère » par excellence, un mystère dont ni moi ni personne ne pouvions rien savoir, un mystère « transcendant » dont, par définition, je ne pouvais fournir *aucune* caractéristique ni d'une quelconque de ses qualités, ni d'une quelconque de ses apparences, ni de quoi que ce soit. On pouvait seulement dire que, par définition, je nommais Dieu le « Créateur » de l'Univers lui-même, mais que je ne savais rien d'autre de ce Dieu, et ne saurais jamais rien d'autre, car il était transcendant à l'Univers dont il était (par définition) le Créateur.

En d'autres termes, ce serait un grave contresens que de vouloir dire quelque chose de l'image de Dieu : non pas seulement parce que cette image ne ressemble à aucun être ou objet de l'Univers, mais encore parce que la notion d'« image » elle-même ne saurait être un attribut de Dieu, ce qui est tout différent. De même, cela serait un grave contresens que de vouloir se demander si Dieu, le Dieu de mystère tel que je l'ai défini, le Dieu créateur de l'Univers, ce serait un grave contresens, disais-je, de croire un instant qu'on pourrait parler de ses « actes » ou de ses « pensées ». Dieu peut-il être rattaché, d'une façon quelconque, à la notion de « Bien et de Mal » : je ne le sais pas, je ne le soupçonne même pas. Dieu est mystère, il est le créateur de l'Univers, mais ses actes ou ses pensées sont pour quiconque un mystère ; je ne sais même pas si les mots « actes » ou « pensées » peuvent avoir pour lui un sens, et je suis aussi incapable d'affirmer que ces mots n'ont *pas* pour lui de sens.

Le Dieu tel que je le définis est donc entièrement « mystère », il est le Créateur de l'Univers, mais en en dehors de cela, il n'est susceptible d'aucune représentation. On peut « nommer » Dieu, mais on ne peut en aucune façon dire quelque chose de lui, si ce n'est que Dieu est, par définition, le Créateur de l'Univers, de « ce qui est ». Mais Dieu n'est nullement « ce qui est », pas plus que je n'ai le droit d'affirmer qu'il n'est pas « ce qui est » lui-même. Dieu est, encore une fois, transcendant à toute pensée, si ce n'est la pensée qui le définit : Dieu est le Créateur du Tout.

Cela ne veut pas dire qu'on soit incapable d'émettre des jugements *sur notre Univers*, et incapable de parler notamment de sa représentation (et nous allons d'ailleurs le faire dans un instant). Mais Dieu ne doit pas être confondu avec l'Univers, il est le « Créateur » de l'Univers, ce qui est tout autre chose.

Pour nous résumer, le Dieu créateur de notre Univers me paraît à la fois « nécessaire », et cependant, par principe, « inconnaissable ».

Il est nécessaire car c'est lui qui a transformé le Néant en « ce qui est », par un acte de partage qui a donné existence à notre Univers, tout en ne contredisant pas ce que notre Connaissance nous a par ailleurs appris sur cet Univers. Sans cet acte de partage il n'y aurait pas d'Univers ; et parce que nous sommes en présence d'un Univers, il faut considérer ce premier acte créateur comme ayant « nécessairement » eu lieu. La Relativité complexe nous suggère, d'autre part, que cet acte de partage peut être celui de l'énergie en énergie positive et énergie négative, l'Univers dans son ensemble correspondant à chaque instant à une énergie nulle.

Le Dieu créateur de l'Univers est, par ailleurs, inconnaissable, et cela par définition. Nous ne pouvons affirmer de lui que ce qui nous a servi à le définir, c'est-à-dire qu'il est le créateur de notre Univers. Mais à quoi ressemble-t-il ? Est-il un Dieu du Bien, ou un Dieu du Mal ? Existe-t-il des critères qui permettraient de porter un jugement sur lui ? Peut-on s'adresser directement à lui pour savoir si la « bonne direction » de l'évolution nous engage à adopter tel ou tel comportement ? Nous sommes, *par principe*, sans réponse sur ces questions. Et nous sommes sans réponse parce que nous avons voulu que Dieu soit Dieu, c'est-à-dire l'objet d'une « définition » aussi proche d'un « absolu » que possible. C'est vrai, nous voudrions pouvoir avoir, au moins de temps en temps, un « dialogue » avec Dieu, savoir ce qu'il pense du Bien et du Mal, et une appréciation sur la direction vers laquelle évolue aujourd'hui l'humanité, et mille autres questions encore qui nous préoccupent : mais Dieu est « mystère pur », c'est un Dieu transcendant, il est hors des limites de l'espace et du temps, il est seulement le Dieu « créateur » de notre Univers.

Et, après tout, n'est-ce pas là l'essentiel ? Car, qu'on ne s'y trompe pas, l'expérience passée a pleinement montré qu'il était néfaste de vouloir prêter à Dieu d'autres qualités pour le « définir ». En effet, on a alors tendance à *choisir* soi-même les qualités qui vont entrer dans sa définition. Dieu a choisi le Bien contre le Mal, risque-t-on de dire, et c'est lui qui va donc nous montrer la route du Bien. Mais cette route est, en fait, celle qu'a choisi d'emprunter *tel ou tel groupe humain* (généralement en toute « bonne conscience » d'ailleurs, persuadé que cette route est « salutaire » pour l'humanité entière). Le malheur, c'est que d'autres groupes humains ont choisi pour le progrès de l'évolution *d'autres* routes, souvent en désaccord avec celle que certains prétendent que « Dieu a montrée du doigt », et qu'il faut donc suivre. Je ne m'attarderai pas sur ce sujet brûlant, toute l'Histoire est là pour nous montrer que les pires atrocités ont été commises sous la couverture du prétendu « doigt de Dieu » qui indiquerait la direction. Et c'est encore vrai aujourd'hui : croire qu'« on a raison », et même que Dieu « vous l'a dit », transformant ainsi la prétendue parole de Dieu en un « absolu », est aujourd'hui comme hier la principale source de l'intolérance et de la guerre. Alors, ne va-t-on pas un jour prêter à Dieu ce qu'il est vraiment, c'est-à-dire *uniquement* le Dieu « créateur » de l'Univers ? Pour le reste, le Dieu véritable est un pur mystère transcendant, et en tout cas il n'est *jamais* un alibi pour commettre avec « bonne conscience » ce qui pourrait, pour d'autres, s'avérer être les pires méfaits.

Les « absolutistes » et la tolérance

Nous voici donc, nous les habitants de l'Univers, laissés à nous-mêmes. Dieu ne nous a pas abandonnés, loin de là, mais nous avons voulu, au contraire, ne pas lui faire jouer un rôle qui n'était nullement le sien. Nous avons pour Dieu le respect que nous devons au « Créateur » de l'Univers, et ce respect, c'est d'abord de ne pas tenter de le voir comme ce qu'il n'est pas : Dieu est le Créateur « transcendant » de ce qui est. Prêter au Dieu Créateur toute autre « vertu », c'est vouloir enlever à Dieu son caractère transcendant et, en fait, c'est vouloir reléguer Dieu au niveau de sa création, c'est-à-dire à l'Univers. C'est vouloir nous approprier une partie des attributs de Dieu en lui retirant sa nature transcendante. Vouloir enlever à Dieu sa robe de « mystère », c'est avoir la folle ambition de faire de la notion de Dieu quelque chose « qui nous arrange » : qui donc croirait que Dieu puisse n'être que cela ?

Dieu, comme je le disais, est bien loin de nous avoir abandonnés : son acte créateur nous a faits des personnes qui peuvent communiquer entre elles, et aussi communiquer avec elles-mêmes et avec l'Univers. Depuis les particules de Matière jusqu'aux Organismes les plus complexes, l'être est doté d'un Mental qui possède la Raison, avec laquelle il va construire un « langage » de communication ; et il est aussi doté d'un Esprit qui, à chaque instant, lui donne la connaissance intuitive de l'Univers entier.

Cependant, si l'on reconnaît la valeur de ces outils de communication que sont la Raison et l'Intuition, il faut aussi que nous reconnaissions leurs « limitations » : n'ai-je pas déjà rappelé qu'« il n'y a pire aveugle que celui qui ne veut pas voir » ? Savoir reconnaître les limitations des « outils » dont nous a dotés la création, c'est sans doute faire preuve de sagesse, et nous avancer dans le progrès de la Conscience. Car ignorer ces limitations et faire comme si elles n'existaient pas, n'est-ce pas au contraire engager notre Univers sur une fausse route ?

La principale limitation de la Raison est due au fait que cette Raison est toujours soumise au Moi, c'est-à-dire aux « présupposés » que ce Moi a choisis pour faire fonctionner sa Raison, et en déduire alors des jugements ou un comportement. Parfois ce « choix » de présupposés n'est pas un véritable « choix », cela peut être des présupposés dérivant de la Culture, et plus particulièrement de l'Éducation. Mais, dans tous les cas, ces présupposés, comme leur nom l'indique, ne sont pas des « absolus », malgré le fait qu'ils sont trop souvent pris pour tels. Les présupposés, on ne le dira jamais assez, n'ont qu'une valeur « relative », ils reposent sur quelque chose qu'on est convenu d'admettre sans la démonstration de leur « vérité ». Autrement dit, la Raison propose toujours des jugements « raisonnables »... mais qui reposent sur des présupposés où la Raison n'intervient jamais, par définition de ce qu'est un présupposé. Ce qui, en d'autres mots, signifie qu'en « choisissant » d'autres présupposés la Raison nous aurait conduits à d'autres jugements, ou d'autres comportements. C'est toujours la Raison que l'on fait jouer, de telle sorte que les conclusions de la Raison peuvent toujours être qualifiées de « raisonnables » : mais, sur le même sujet en discussion, et simplement parce qu'on fait jouer la Raison à partir *d'autres* présupposés, on peut aboutir à des conclusions diamétralement opposées. Les exemples sont trop nombreux, et en fait cette difficulté de la Raison trop bien connue, pour qu'il semble qu'il vaille la peine d'insister.

Mais, cependant, nous voudrions ici souligner une particularité de la Raison, qui nous semble être à la source de la quasi-totalité d'un certain nombre de très graves troubles du comportement humain, qui ont noms guerre, racisme, intolérance... et bien d'autres. Très peu de gens douteront du fait que la Raison ne conduit pas à des « absolus » mais repose toujours sur des présupposés (au moins les personnes qui comprennent ce que le mot « présupposé » veut dire), mais la presque totalité des gens va trouver une « échappatoire » à cette particularité de la Raison dans la *valeur* desdits présupposés, certains présupposés seront considérés comme ayant plus de « valeur » que d'autres... et ainsi vont naître les désaccords de communication.

Mais, après tout, cette particularité de la Raison ne conduit-elle pas aux simples « discussions », c'est-à-dire à une extension du dialogue entre un ou plusieurs individus ? C'est vrai, et ceci ne semble pas inutile de prime abord, puisqu'on a coutume de dire que « de la discussion jaillit la lumière ». Et je suis un chaud partisan du « dialogue », même quand il prend (et cela arrive souvent) des formes que je n'apprécie plus guère.

C'est peut-être le moment de raconter cette histoire (ça reposera en tout cas le lecteur !). Alfred Korzybski, qui était un philosophe du début du siècle, et qui s'est beaucoup occupé de la signification du langage, avait l'habitude de conter cette anecdote :

Une personne montre sur une feuille de papier le dessin d'un carré, et dit :

— Ceci est un cercle.

Il y a trois façons pour moi de se comporter en réponse à cette affirmation, dit Korzybski :

- Soit me dire que j'ai affaire à un fou, et ne pas répondre.
- Soit penser qu'il s'agit de quelqu'un se moquant de moi... et lui donner, par exemple, une gifle pour le punir.
- Soit lui dire d'un air affable : « Comment arrivez-vous à cette conclusion du cercle, alors que je crois voir un carré ? »

Je choisis personnellement la troisième réponse, dit Korzybski.

Et moi aussi je choisis cette troisième réponse. Avec cependant une nuance : je crois (naïveté de ma part, direz-vous) que cette troisième réponse pourrait être *justifiée* par mon interlocuteur... auquel cas je me serais « enrichi » d'une vision plus complète de l'Univers auprès de celui-ci. Pensez : je sais maintenant comment une figure ressemblant à un carré peut aussi être nommée un cercle ! Même si je ne suis pas convaincu par les propos de mon interlocuteur, je vais essayer de faire face à ce « désaccord » apparent de la manière suivante : je vais me dire que « l'autre est encore moi-même », et je vais penser un instant : « C'est moi-même qui ai suggéré l'opinion dont il s'agit, à savoir que la figure dessinée sur le papier est un carré, et non un cercle, comme j'ai d'abord cru le voir. Et je vais *aider* mon interlocuteur à fournir des arguments pour justifier son assertion du carré. Ceci ne signifie pas que je vais seulement me ranger maintenant à l'avis de mon interlocuteur, mais je vais m'efforcer de « vivre » le fait qu'une chose peut être elle-même *et son contraire*. Ce qui n'est, après tout, que la pensée paradoxale, dont j'ai déjà longuement parlé.

Je caricature les choses, c'est vrai. Mais c'est là le principe que je voudrais suggérer. Quand j'ai un point de désaccord avec quelqu'un, je commence par voir comment il serait possible de déterminer les arguments « raisonnables » (c'est-à-dire dictés par la Raison) qui pourraient me faire comprendre comment mon interlocuteur a été amené au comportement ou au jugement qu'il a avancé. Autrement dit, je ne me contente pas de la « tolérance » (qui est souvent dangereuse), et qui consiste ici à laisser l'autre prononcer ses « absurdités » (il nomme carré ce qui est « de toute évidence » un cercle), mais je m'efforce d'apercevoir les « raisons » qui ont conduit mon interlocuteur à un point de vue très opposé au mien. La simple tolérance consisterait à admettre que mon interlocuteur a le droit d'avoir son « curieux » point de vue, tout en gardant le mien (ce qui sous-entendrait que « mon » point de vue est le « bon »). Je considère comme très nettement insuffisante cette forme de tolérance (tolérance des « gens pressés », comme je l'appelle parfois !), qui conduit souvent à des litiges « inconscients », même s'ils ne sont pas apparents immédiatement.

Mais, souvent, et surtout quand il va s'agir d'opinions de groupes, ou d'idées religieuses ou métaphysiques, cela va être beaucoup plus grave que l'exemple anodin du « carré » que j'ai d'abord choisi.

Le pays d'à côté possède un régime politique communiste, alors que je vis dans un pays à régime politique dit « libéral » (ou démocratique). Ou c'est le contraire : je vis dans un pays communiste, alors que le pays d'à côté est dirigé par des « impérialistes » (qui, par définition, sont « antidémocratiques »).

Bien entendu, essayons de ne pas dès le départ nous « bloquer » sur les mots, il ne s'agit là que de fournir un « exemple ».

Ici, la Raison ne va pas être en présence d'un mécanisme simple. Elle part toujours de présupposés, comment faire autrement, la Raison n'a pas d'autres moyens de fonctionner. Mais comme il s'agit de quelque chose de relativement « sérieux », qui touche directement à notre idéologie, on ne va pas hésiter à porter des jugements « de valeur » sur nos présupposés et ceux du voisin. Souvent, il est vrai, on ne dira pas que nos propres présupposés sont les meilleurs possibles : mais on dira, en tout cas, que nos présupposés sont bien meilleurs que ceux du voisin... qu'on sera enclin à classer dans le « Mal », alors que nos propres présupposés représenteraient le « Bien ».

Le Bien contre le Mal : voilà que nous sommes promptement rendus à un conflit qui, de plus en plus, va ressembler à une guerre idéologique, ou à une guerre de religion. Ou à une guerre tout court, simplement.

Même quand, ici, il y aura « tolérance » d'un pays par l'autre (et un conflit « larvé » seulement — on appelle ça une « guerre froide », je crois), ce sera une tolérance où, c'est le cas de le dire, les pays « se tolèrent », mais, dans le fond d'eux-mêmes, l'un a « raison » et l'autre a « tort ».

Et, dans le cœur des protagonistes du litige précédent, qui ne verrait pas qu'il existe (au moins inconsciemment) des idées selon lesquelles chacun de nos deux « opposants » croira qu'il plaide la cause du Bien contre celle du Mal ?

Pauvre planète ! Pauvre humanité !

Je vais répéter encore une fois une remarque très importante, qui nous aidera peut-être à voir un peu plus clair dans ces conclusions parfois très opposées l'une de l'autre, et qui sont cependant des conclusions de la Raison : la Raison ne saura jamais proposer des conclusions absolues, ce sont toujours des conclusions relatives, et relatives aux présupposés qu'on a acceptés (postulats).

Ainsi, nous parlions des deux régimes politiques que je viens de prendre comme exemples, le communisme et le personnalisme (je préfère ce terme à celui de « libéralisme », ou encore à celui d'« impérialisme », qui laissent dès le départ penser qu'une sorte de « jugement de valeur » accompagne nécessairement les présupposés en question). Nul doute que les responsables de ces pays, qui proposent à leurs peuples respectifs l'une ou l'autre de ces deux idéologies, aient conscience du fait que ces idéologies, s'appuyant l'une et l'autre sur les arguments de la Raison, reposent au départ (comme tout langage s'appuyant sur la Raison) sur des « présupposés », c'est-à-dire des propositions qu'on a acceptées comme « vraies », mais sans démonstration. Ces présupposés peuvent schématiquement s'énoncer, dans les deux cas considérés : le groupe est prioritaire (communisme), la personne est prioritaire (personnalisme). Mais on va « biaiser » la Raison, et on va pour cela soumettre les présupposés en question à des jugements dits « de valeur » : autrement dit, comme je l'ai déjà remarqué, on va dire que les présupposés dont il s'agit sont soit du côté du Bien, soit du côté du Mal. La difficulté est que, ici, à peu près la moitié de la planète se range soit du côté du communisme, soit du côté du personnalisme. Et « en toute bonne conscience ». Cela veut-il dire que les jugements de valeur, et notamment ces jugements de valeur qui qualifient de « Bien » les présupposés que l'autre idéologie qualifie de Mal (et vice versa), ces jugements de valeur portant sur le Bien et le Mal sont, eux aussi, purement « relatifs » : ce qui voudrait dire que la moitié de la planète appelle « Bien » ce que l'autre appelle « Mal ».

Je crois qu'il n'est pas possible de conclure autrement.

Mais avec une nuance importante cependant, sur laquelle je voudrais insister.

Le fonctionnement de la Raison a toujours fait

l'objet d'un « questionnement » de la Connaissance. Et j'ai raconté déjà cela au cours de mes derniers ouvrages, car je pense qu'il est important de connaître exactement la structure de la Raison, et comment elle « fonctionne ».

Nous avons dit qu'une caractéristique essentielle de la Raison est que celle-ci est toujours *relative*, entendons par là qu'elle est relative aux présupposés qu'on a acceptés. Une autre caractéristique de la Raison est ce qu'on nomme son *incomplétude*. Au fur et à mesure qu'on s'éloigne des présupposés de départ, on va pouvoir déduire des propositions qui, tout en étant « vraies » par rapport à ces présupposés (c'est-à-dire en satisfaisant ces présupposés), sont « contradictoires » avec les propositions *déjà* obtenues. En d'autres termes, après avoir déduit des présupposés de départ qu'un aspect de l'Univers était « blanc », on va déduire aussi que cet aspect de l'Univers est « noir ». Comment un aspect, quel qu'il soit, peut-il être *à la fois* blanc et noir ?

L'un des plus célèbres exemples est emprunté à la Physique. Au début de notre XXe siècle on supposait que la Matière élémentaire pouvait être représentée comme de petits corpuscules sphériques. C'est ainsi qu'apparaissait la Matière dans le langage de la Raison de la Physique d'alors. On disait que la Matière était « corpusculaire ». Mais vers 1925 l'observation expérimentale montrait que la Matière élémentaire était non seulement corpusculaire, mais aussi *ondulatoire* : comment une chose pouvait-elle être à la fois un corpuscule et une onde, c'est-à-dire avoir un aspect discontinu et localisé (corpuscule) et aussi un aspect continu et étendu (onde) ? Pour résoudre cette contradiction, pourtant fruit de la Raison, la Physique fut obligée de modifier son langage : c'est-à-dire que la Raison dut *élargir ses présupposés* (langage des théories quantiques). Mais, un peu plus tard (1970), on constata que la Matière était non seulement corpusculaire et ondulatoire, mais aussi *ponctuelle* (c'est-à-dire devait se représenter comme un simple « point »). Comment le prolongement des méthodes de la Raison aboutissait-il à cette apparente contradiction : la Matière élémentaire était non seulement corpusculaire et ondulatoire, mais encore ponctuelle, donc à la fois étendue et non étendue dans l'espace et le temps ? Une nouvelle fois la Physique modifia les présupposés de sa Raison, et on déboucha alors sur les théories physiques dites à « dimensions cachées » : l'espace possède une région « Imaginaire » où peuvent prendre place les phénomènes, et où pouvait occuper une place non nulle ce qui, dans l'ancien espace de la Physique (espace Réel), apparaissait comme ponctuel. La Raison d'antan et ses présupposés s'étaient donc avérés, avec le temps, être insuffisants pour représenter entièrement l'Univers. Et une étude plus complète du fonctionnement de la Raison conduisait à conclure que ce changement « obligé » de langage ne s'arrêterait *jamais*, il allait de pair avec l'extension de nos connaissances. On sait aujourd'hui (théorème de Gödel) que cette apparente « incomplétude » du langage de la Raison est en fait le propre de la Raison. À un certain moment, cette Raison constate que ses présupposés sont non pas faux, mais *insuffisants*, et qu'il faudra élargir ces présupposés pour complètement décrire ce que l'on observe.

Autrement dit, et en résumé, non seulement la Raison est toujours *relative* aux présupposés qu'elle utilise, mais cette Raison souffre d'une incomplétude « congénitale » : il faudra, à un certain moment, agrandir ses présupposés pour lui faire éviter des « contradictions » de son langage.

Pourquoi ai-je l'air de souligner ainsi ces insuffisances de la Raison ? Parce que, trop souvent, on porte aux nues cette Raison en disant qu'elle est infaillible... c'est-à-dire que l'on fait comme si elle ne nous fournissait que des jugements « absolus ». Et ceci est grave quand cette croyance en une Raison « absolutiste » nous entraîne, par erreur, à penser que cette Raison « ne peut pas se tromper ». Je crois à la Raison, certes (sinon je ne serais pas physicien), mais je crois que cet outil est par nature « relatif et incomplet », et n'a donc aucun caractère absolu. Autrement dit, il faudrait aujourd'hui aller encore plus loin que Descartes qui, on s'en souvient, se méfiait de ses sens, car il savait que ceux-ci pouvaient « le tromper », et lui faire apparaître alors des aspects de l'Univers qui devraient un jour être représentés comme « autres » ou, en tout cas, autres que ne l'aurait laissé croire la simple observation : et Descartes concluait qu'il valait mieux se fier à son « entendement » qu'à ses sens. L'entendement, c'est aussi la Raison ; et, en seconde analyse, mon cher René Descartes, il est indispensable d'aller encore *plus loin* : il faut aussi ne pas faire trop confiance à la

Raison elle-même, qui est aussi « trompeuse », puisqu'elle est par nature relative et incomplète.

Et que faut-il faire alors, si la Raison est incapable de nous fournir des « vérités », c'est-à-dire des « absolus » ? Que faut-il faire pour connaître aussi bien que possible notre Univers, et donc acquérir toujours plus un peu de « sagesse » ?

D'abord, le savoir : savoir que la Raison a ses limites, et le savoir si bien que nous allons tâcher de ne jamais l'oublier, et ne pas risquer de commettre dorénavant des erreurs qui seraient dues à une croyance « absolutiste » dans le pouvoir de la Raison. Il faut ne pas se fier à la Raison, et ne pas hésiter à mettre ses conclusions en doute, car il n'y a rien d'aussi dangereux que quelqu'un qui est certain de posséder la « Vérité ». Je crois que le premier acte de la tolérance, c'est de douter de la Raison, car cette Raison nous a fait trop de mal chaque fois qu'on a voulu en faire un outil infaillible pour « disséquer » l'Univers. Combien de chercheurs, notamment, se sont vus arrêtés dans leur élan de découverte par des « pontifes » s'appuyant sur la Raison souveraine et immuable des « scientistes »... Il faudrait en réalité dire de la Raison, pour laquelle j'ai cependant le plus grand respect, ce que l'on dit parfois des rois et des reines : La Raison est morte, vive la Raison !

Ensuite, il faut se méfier comme de la peste des « absolutistes » qui prétendraient tourner le problème en disant qu'il ne s'agit pas, à la base du fonctionnement de la Raison, de voir uniquement des « présupposés », mais des « jugements de valeur », que nos absolutistes mettent hardiment à la sauce de la Raison pour les faire admettre plus facilement comme la base d'une opinion « raisonnable ». La Raison peut traiter du « Bien » et du « Mal », comme elle peut traiter de tout : à partir de présupposés elle conclut à des conséquences. Mais le Bien et le Mal ainsi associés à la Raison ne conduisent alors qu'à des valeurs *relatives*, et non pas à des valeurs absolues. ET IL N'Y A AUCUNE EXCEPTION À CETTE CONCLUSION. Le Bien dont on se propose de parler est toujours, comme tout langage, un Bien vu sous l'angle de la Raison, et à ce titre RELATIF. Ne pas en être persuadé est beaucoup plus qu'une erreur, c'est sans doute l'une des sources des maux de l'humanité (guerres, racisme...). Je dis qu'il n'y a pas d'exception, car c'est ainsi, il est impossible de fournir par le langage ou la pensée un jugement qui soit un « absolu », c'est-à-dire qui ne reposerait pas sur des présupposés. Même quand on va chercher à s'appuyer sur les « grandes vérités », comme l'Amour ou la Justice par exemple, pour développer de manière « raisonnable » un thème quelconque, il s'agit toujours d'un appel à des *présupposés*, et ceux-ci ne doivent nullement être confondus avec des « absolus ». Si on en voulait encore une preuve, on la trouverait aisément tout au long de l'histoire humaine. Comment croit-on que les Inquisiteurs justifiaient leurs atrocités ? En pensant que l'« Amour » de Dieu leur disait d'agir ainsi. Une prétendue « Justice » n'a-t-elle pas envoyé au bûcher bon nombre d'humains qui, comme Giordano Bruno par exemple, n'avaient commis que le crime de croire à un savoir différent ? Et les « justifications » de comportements se cachant sous des présupposés religieux baptisés « Bien » ont pavé toute l'aventure humaine, mais sont pourtant bien souvent les sordides manœuvres d'un racisme inconscient.

Je le dis et le redis donc avec force, il ne faut *jamais* croire que quiconque pourrait justifier d'une pensée ou d'un comportement à l'aide d'« absolus » : la Raison ne peut que s'appuyer sur des présupposés, et les jugements soi-disant « de valeur », comme ceux qui touchent aux notions de Bien et de Mal, sont les pires des présupposés, car ils peuvent laisser croire à l'existence d'absolus.

Il est vrai que notre Esprit, sinon notre Mental, est capable d'avoir une vision de l'absolu. Mais ce n'est plus notre Raison, mais notre Intuition de l'Univers, qui intervient alors. Et cette Intuition ne peut déboucher que sur le silence, et non sur un langage quelconque pour communiquer avec autrui, cet « autrui » fût-il nous-même. C'est ce que nous voudrions examiner pour terminer, après cependant avoir résumé une dernière fois les caractéristiques de la Raison.

Succès et limitations de la Raison

Il sera clair pour mes lecteurs, à ce point-ci de mon ouvrage, que je ne suis pas un « fanatique » de la Raison.

Mais c'est à la fois exact et inexact.

Exact car, comme je l'ai indiqué, mais comme je

trouve que cela n'est pas souligné assez souvent, la Raison a de très strictes limitations, et notamment d'être toujours relative aux présupposés que nous avons admis. On a trop tendance à penser que ces présupposés, qui sont évidemment les nôtres, sont des « absolus » : pourquoi les aurait-on choisis si nous, notre Moi, n'étions pas d'accord avec eux ? Mais on oublie que le « voisin », lui aussi, a droit à ses propres présupposés, qui sont généralement différents des nôtres, et qu'il n'est donc pas question de vouloir considérer nos propres présupposés comme des absolus. J'ai dit, et je crois avoir montré, que les « absolutistes », ceux qui prennent la Raison pour ce qu'elle n'est pas, et qui la font ainsi parler comme si on énonçait la parole de Dieu, c'est-à-dire une parole qui va toujours « avoir raison », ces « absolutistes » sont à mon sens des êtres dangereux, car ils n'hésitent pas, sous prétexte qu'ils croient (généralement en toute bonne foi d'ailleurs) avoir « absolument » raison, ils n'hésitent pas à mettre (ou laisser mettre) la planète à feu et à sang et à conduire l'humanité vers ses pires travers, comme le racisme ou l'intolérance.

Et, bien sûr, cela n'est pas exact de prétendre que je ne serais pas un chaud défenseur de la Raison. Je crois que la Raison est un des plus précieux outils de notre Mental, un outil qui nous permet de construire des « modèles » de structures compliquées (analyse et synthèse), que ces modèles concernent le comportement humain ou la représentation de notre Univers. J'ai essayé d'en faire moi-même la démonstration en créant la Relativité complexe, qui est avant tout basée sur la Raison. Tous les scientifiques, notamment, sont habituellement de vifs partisans de la Raison... ou ce ne seraient pas des scientifiques. Il faut d'ailleurs rappeler que la Raison n'est pas le privilège des scientifiques, au moins sous l'aspect large où je la considère. Tout langage, qu'il serve à bâtir nos propres pensées ou à communiquer avec les autres, est une œuvre de la Raison, car c'est toujours une construction « logique » qui repose sur des présupposés. Certes la logique n'est pas toujours la logique rigoureuse qui nous servira en Mathématiques ou en Physique, et plus généralement la logique que nous allons utiliser pour construire notre Savoir (par exemple la logique dite du tiers exclu). Cela peut être ce qu'on appelle familièrement la logique « de tous les jours », et ça peut être une logique qui, à beaucoup, va parfois apparaître comme « illogique » : mais cela va toujours néanmoins être ce que j'ai nommé « l'œuvre de la Raison », car il s'agira toujours d'un langage basé sur des présupposés (donc un langage non absolu) où les affirmations sont liées les unes aux autres, et notamment aux présupposés, par une certaine logique (quelle que soit, encore une fois, cette « logique »).

Un mot encore sur la tolérance. Il y a un comportement qui me semble presque aussi mauvais que l'intolérance : c'est de tolérer le comportement ou les idées de l'autre tout en étant persuadé « que l'on a raison ». Ou alors, comme je le suggérais moi-même quand, il y a plus de vingt-cinq ans, je préparais avec Georges Breuil le Centre culturel du Mont-Canisy, près de Deauville. Je parlais alors (n'était-ce pas moi qui avais même « inventé » cette expression ?) de tolérance « éclairée », entendant par là que je conseillais la tolérance, mais seulement après m'être informé sur l'état de la question, et avoir opté « en connaissance de cause » sur le sujet en discussion.

    Et alors, qu'est-ce qui devait arriver si je concluais différemment de l'autre ? Allais-je cesser toute tolérance vis-à-vis de cet autre ? Et qui sera l'« arbitre » de l'opinion à laquelle je m'étais résolu, après m'être « éclairé » ? Vais-je simplement décider que je suis plus intelligent qu'un autre pour démêler entre les opinions, et finalement être mieux que l'autre capable de décider « qui a raison » ? Non, la tolérance est par essence « amour de l'autre », ne doit s'affubler d'aucun qualificatif, et peut-être surtout pas du qualificatif « éclairé ». La vraie tolérance, il me semble, est de se « transporter » vers l'autre par la pensée, faire comme on le suggère parfois un total « lâcher-prise », puis aller plus loin et *adopter* les arguments de l'autre, s'efforcer de « raisonner » comme lui. Cela est nécessaire pour, avant tout, comprendre l'autre. Au cours d'un tel processus, on ne doit pas percevoir l'autre comme distinct de soi-même, mais on *devient* l'autre. L'Amour véritable est « fusion » avec l'autre et dans l'autre. C'est cela, sans aucun doute, la vraie tolérance. Toute autre forme de tolérance sépare ceux qui la pratiquent, et ne les unit pas. On doit sortir de l'expérience de la tolérance réelle en étant soi-même « enrichi » par l'opinion de l'autre. Ce qui ne veut pas dire qu'on adhère maintenant à l'opinion de l'autre : on garde sa propre opinion, certes, une opinion qui, pour diverses raisons, est celle avec laquelle on souhaite vivre, mais on « comprend » entièrement l'opinion de l'autre, car (pour un instant au moins) l'Amour nous a fait « être » l'autre. C'est tout différent de simplement « supporter » l'autre et son opinion. Je refuse définitivement ce genre de tolérance.

Et je voudrais, pour finir, qu'on ait bien conscience du fait que je ne considère pas que *seuls* les humains sont dotés de Raison : la Relativité complexe souligne encore le fait que *toutes* les structures vivantes de l'Univers possèdent chacune une partie « mentale, qui se caractérise par la présence d'une « mémoire ». Dans cette mémoire vient s'élaborer un champ de photons, dit champ de fusion sigma, où les « éléments de mémoire » sont reliés les uns aux autres à la façon dont, chez les humains, les pensées sont associées les unes aux autres pour tisser un langage de communication. Bien sûr, et j'y ai insisté, qu'on ne vienne pas me faire dire ici ce que je n'ai pas dit : toutes les particules de Matière qui remplissent notre Univers *n'ont pas* la même mémoire, le nombre des positions de mémoire est très différent suivant que les particules de Matière dont il s'agit appartiennent au règne minéral, végétal, animal, humain... ou ultra-humain. Et, en fait, le plus grand nombre des particules de Matière n'ont pas encore franchi, il est vrai, le stade « minéral » : cette Matière possède donc une mémoire encore si petite que les particules qui la composent sont peu différentes de ce que la Physique a toujours admis. Mais il me paraît très important de bien voir que cette mémoire « peut », chez certaines particules, être beaucoup plus considérable, comme nous le montre d'ailleurs tout le « savoir-faire » dont fait preuve l'animal ou l'humain, ou même simplement le végétal.

Apologie de l'Intuition

L'Univers a donné à chaque particule de Matière un Mental doté d'une Raison, et qui est donc très tributaire, comme on l'a vu, du « Moi » de cette particule : ce Mental possède une « mémoire » personnelle, où vont venir prendre place (comme des conditions aux limites) les « présupposés » utilisés par la Raison.

Mais l'Univers a aussi doté chaque particule de Matière d'un Esprit, ce qui traduit simplement le fait que chaque particule de Matière est aussi « solidaire » de l'Univers *entier*, et possède notamment un « regard » qui lui permet, à chaque instant, d'appréhender tout l'Univers. Tout ceci a longuement été justifié et expliqué par la Relativité complexe. On aperçoit dès maintenant un impact philosophique important de la présence de cet Esprit dans la Matière, un impact qui va en fait transformer la Physique purement « matérielle » d'antan en une Physique essentiellement « spirituelle ».

L'Intuition est le regard de la Matière qui nous fait prendre conscience de l'Univers entier à chaque seconde. C'est le regard de l'Esprit, qui se différencie du regard du Mental, celui de la Raison.

Il est souvent difficile d'avoir une idée précise du regard que procure l'Esprit, car nous sommes tellement habitués (et ceci concerne particulièrement les Occidentaux d'aujourd'hui) à un regard qui nous permet d'« analyser » par la Raison l'Univers qui est autour de nous, et notamment de « parler » immédiatement de ce que l'on vient de percevoir. Or l'Intuition est « muette », elle est par nature incommunicable directement à autrui. On croit connaître à peu près bien ce que va glaner autour de nous le regard de la Raison. Mais un regard qui nous permettrait de « fusionner » avec l'Univers tout entier, au lieu de simplement « penser » à son sujet, ça, c'est très inhabituel semble-t-il, et il nous faut un moment pour y réfléchir.

Et pourtant, à dire vrai, c'est ce regard de l'Intuition qui devrait d'abord nous permettre d'approcher l'Univers. Car c'est ce regard de l'Intuition qui semble avoir doté les *premiers* êtres vivants. Depuis les êtres les plus simples jusqu'aux Organismes les plus complexes, nous « vivons » notre « solidarité » avec l'Univers avant toute autre chose. Je suis convaincu que les Organismes peu évolués, les plantes ou les bactéries, par exemple, se sentent former un Tout avec l'Univers, ils « sont » l'Univers lui-même, bien avant de se sentir des êtres « individuels » qui se distinguent de l'espace et du temps qui les entourent. Et je crois que le développement du Mental nous a toujours plus, au cours de l'évolution, « séparés » de l'Univers entier en nous faisant, peu à peu, prendre conscience que nous avions aussi une existence « individuelle » distincte de l'Univers dans son ensemble. Ce n'est pas une critique adressée au Mental. C'est simplement une constatation : les êtres vivants ont d'abord été dotés d'un Esprit, donc d'une connaissance « intuitive » de l'Univers entier, un Univers dont ils étaient « solidaires ». Le Mental n'est venu que plus tard, et nous a permis de prendre conscience de notre Univers « intérieur », de notre Moi, et plus seulement de notre grand Univers « extérieur ».

Parce que le regard de l'Intuition permet d'appréhender en une seule fois la totalité de l'Univers, il est très différent du regard de la Raison. Le regard de l'Intuition voit en une seule fois l'ensemble du Réel à chaque instant, alors que le regard de la Raison se pose à chaque instant sur la totalité du Mental : de cette « double » vision de chaque instant, chaque particule de Matière dégage à la fois celle de son Univers « intérieur » (Imaginaire), et celle de son Univers « extérieur » (Réel).

Le Mental est « personnel » à chaque particule de Matière, et personnel aussi, comme nous l'avons vu, à chaque Organisme (y compris, bien sûr, les Organismes humains). C'est pourquoi, avec juste raison, on peut assimiler le Mental au « Moi » d'un individu. Ce sont les Symboles accumulés dans la mémoire (le Mental) de l'individu qui composent ce Moi. Mais nous ne devons pas perdre de vue que cet Univers « fictif » bâti par le Mental n'est pas semblable à l'Univers du Réel : l'Univers du Mental est entièrement tributaire des matériaux de mémoire que s'est procurés le Moi, en quelque sorte pour « jouer à Dieu », et peut-être avoir l'illusion que lui aussi est un « créateur d'univers ». En fait, nous l'avons vu aussi, la source des Symboles du Mental est le Réel :

et le Mental groupe les Formes rencontrées dans le Réel sous des Symboles qui, nécessairement, adoptent certains « présupposés », c'est-à-dire font de l'édifice mental une construction *artificielle,* ou en tout cas une construction qui n'a pas l'« authenticité » de l'Univers réel. Notre Culture, bâtie par notre Mental, n'est qu'une *image* de l'Univers, et non pas l'Univers lui-même. Certes, les « Moi » des différents individus « se ressemblent », car ils prennent leur origine à la même source, la source du Réel. Mais l'image du Réel forgée par ces « Moi » sera différente pour chaque particule, et donc pour chaque Organisme, puisque ces images reposent sur des présupposés généralement différents.

C'est pourquoi le regard de l'Esprit, qui s'adresse par le truchement de l'Intuition à l'Univers du Réel entier, est très important, et vient en quelque sorte « complémenter » le regard du Mental. Mais cependant (et ceci ne nous étonne guère, car la Nature ne s'embarrasse pas avec des « doubles emplois »), il ne va pas être possible d'interpréter le regard de l'Intuition comme on l'avait fait du regard de la Raison. L'Intuition nous « plonge » dans l'Univers du Réel, et nous fait « fusionner » avec lui. Par l'Intuition nous formons corps avec l'Univers entier, nous « sommes » en fait l'Univers entier. Alors que la Raison nous faisait apercevoir chaque chose, avec l'aide de ses Symboles, comme un « objet » détachable de tout le reste, ceci ne peut plus avoir lieu avec l'Intuition : la notion d'objet n'a plus cours avec l'Intuition, puisque nous fusionnons à chaque instant avec l'Univers dans sa totalité. Si on voulait se servir encore de la « logique » de la Raison, nous serions tenu de dire qu'un objet est à la fois lui-même et le reste de l'Univers ; il est en particulier à la fois lui-même et le « contraire » de lui-même. C'est la « définition » même de la notion d'objet qui est fondamentalement différente dans la Raison et dans l'Intuition : dans cette dernière la notion d'objet isolable du reste de l'Univers s'est en fait « évaporée », puisqu'un objet est simultanément ce qu'il est et son contraire, son existence et son essence.

Ceci ne veut nullement dire que le regard de l'Esprit ne laisse aucune trace dans l'individu : mais il y a plusieurs façons de « voir ». Il y a précisément, nous a appris la Relativité complexe, le regard du Mental et le regard de l'Esprit.

Les deux regards se complètent, et « scrutent » l'Univers sous des « faces » différentes :

— Ces deux faces sont si différentes qu'on ne peut guère en avoir conscience simultanément. Nous sommes « aveugles » à l'une des faces tandis qu'on regarde l'autre. L'individu ne pourra faire jouer le regard de l'Intuition que s'il accepte, pour un moment, de faire ce qu'on pourrait nommer du « lâcher-prise » sur les données fournies par sa Raison.

— Et cependant, ces deux faces se complètent si bien que, après avoir aperçu l'Univers entier sous l'aspect « Intuition », on peut revenir à la Raison avec un regard *plus clair et plus vaste* de la Raison. C'est ce qu'avait déjà remarqué René Descartes : sans l'Intuition les images formées par le Mental sont « invisibles » à l'être ; pour que le Mental joue son rôle d'« informateur » du Moi il faut non seulement « savoir » (Mental seul), mais « savoir qu'on sait » (Mental complémenté par l'Esprit). Le Moi ne prend d'existence que quand il vient se détacher sur les profondeurs de l'Esprit.

Comment se traduit « concrètement » chez l'individu l'usage qu'il fait du regard de l'Esprit ? La particule élémentaire, ou l'Organisme contemplant l'Univers à l'aide de son Intuition (et non de sa Raison) éprouve une sensation de *plénitude*, celle de « fusionner » avec l'Univers entier, et en fait, comme nous l'avons dit, « d'être » l'Univers entier. Ceci ne peut se traduire directement dans *aucun langage*, car cette « fusion » avec tout l'Univers est, en fait, la rencontre avec Dieu lui-même. Même le langage des sentiments serait inadéquat pour tenter de traduire cette impression de plénitude qu'est celle de l'Intuition. Celui qui fait l'expérience d'un contact intuitif avec l'Univers ne peut communiquer cette expérience à d'autres, car aucun langage de communication ne s'avère adéquat. L'Intuition, contrairement à la Raison, est une « expérience » purement personnelle.

Mais à quoi « sert » alors le regard de l'Intuition, si nul ne peut connaître les effets de ce regard ? Nul ne peut le connaître, c'est vrai, sauf celui-là même qui en a fait l'expérience. Comme je crois l'avoir déjà dit, l'Intuition ne vient jamais seule, elle est « jumelée » d'une manière indissociable avec le regard du Mental, celui de la Raison, même si l'Intuition et la Raison procèdent de deux regards entièrement différents. Ressentir l'Univers entier sous l'aspect de l'Intuition nous permet, par la suite, de percevoir l'image symbolique émergeant du Mental d'une manière plus « consciente », d'avoir accru notre conscience personnelle de l'Univers. On peut dire que le Moi et sa Raison s'enrichissent du supplément de conscience que leur apporte, avec l'Intuition, le regard de l'Esprit. Le Moi peut être « bavard » au moyen de sa Raison, mais ce Moi reste à jamais très éloigné du « silence » de l'Esprit.

Est-ce que ce n'est pas cela que veut signifier la sage et profonde parole du Tao Te King de Lao Tseu :

> « Celui qui sait ne parle pas ;
> Celui qui parle ne sait pas » ?

Table

PRÉFACE : LA VIE ET LA MORT 11

I. LA RECHERCHE, MA RECHERCHE : CONNAISSANCE
DE L'UNIVERS 27

    Le soleil de Bagdad 29
    Connaissance de l'Esprit 32
    Le Dedans des choses de Teilhard 36
    Le facteur entropique 39
    La représentation de l'Univers 45
        1. *L'Univers « n'est » pas : il est ce que je pense de lui* 45
        2. *Le théâtre de l'Univers est le théâtre de l'Esprit* 47
    Les deux approches de l'Univers : la Raison et l'Intuition 50
    L'unification par le chemin de la Physique 54
        1. *Ouvrir l'espace du Réel à l'Imaginaire* 58
        2. *Un Univers équivalent au Néant* 62
        3. *Nous voyons tout autour de nous un espace cosmologique qui a le même âge que nous* 66
        4. *Chacun de nous possède aussi un univers « intérieur » (le Moi)* 69

La « mémoire » des particules de Matière 73
Les Éons de la Matière 80
Le Mental et l'Esprit 84
La pensée paradoxale 89
Un Univers entièrement « vivant » 92
La « reproduction » de la mémoire 96
  1. *L'Union des particules* 97
  2. *L'expérience EPR* 99
Le vouloir et le non-vouloir 105

II. DIEU ET LA NOTION DE « BIEN ET DE MAL » 111

Un Dieu pour notre Univers ? 114
Dieu devant la Raison 117
Dieu devant l'Intuition 123
  1. *Un autre moyen d'approche de la notion de Dieu : la pensée paradoxale, marche d'accès à l'Intuition* 125
  2. *Savoir accueillir en même temps une chose et son contraire* 127
  3. *L'Intuition : pour quoi faire ?* 128
  4. *L'Intuition et le regard sur le Tout* 133
  5. *Un Dieu « créateur », avant toute chose* 135
La Raison et l'Intuition comme chemins vers Dieu 137
Dieu et la notion de « Bien et de Mal » 140
  1. *Dieu et la notion de Valeur* 142
  2. *La Raison et l'Intuition de nouveau* 147
Dieu et nous 151
Les « absolutistes » et la tolérance 157
Succès et limitations de la Raison 171
Apologie de l'Intuition 176

DU MÊME AUTEUR

Ouvrages de Physique

Éléments d'une théorie unitaire d'Univers, Paris, Éditions La Grange-Batelière et Genève, Éditions Kister, 1962.
Quinze leçons sur la Relativité générale, Paris, Éditions La Grange-Batelière et Genève, Éditions Kister, 1963.
La Crise actuelle de la Physique, Paris Éditions La Grange-Batelière et Genève, Éditions Kister, 1966.
Cours de théorie relativiste unitaire, Paris, Albin Michel, 1969.
Théorie unitaire: analyse numérique des équations, Paris, Albin Michel, 1974.
Théorie de la Relativité complexe, Paris, Albin Michel, 1974.
L'Esprit et la Relativité complexe, Paris, Albin Michel, 1983.
Complex Relativity and the Unification of All Four Physical Interactions, New York, Paragon House Edition, 1987 (en anglais).
La Relativité complexe et l'unification de l'ensemble des quatre interactions physiques, Paris, Albin Michel, 1987 (texte légèrement différent du texte anglais de l'ouvrage précédent).

Ouvrages de philosophie scientifique

La Connaissance de l'Univers, Paris, Le Seuil, 1961, prix Nautilus, 1962 (traduit en espagnol).
Du Temps, de l'Espace et des Hommes, Paris, Le Seuil, 1962 (traduit en espagnol).
L'Homme à la recherche de lui-même, Paris, Le Seuil, 1963 (traduit en anglais et américain).
De la Physique à l'Homme, Paris, Gonthier, 1965 (traduit en espagnol).
La Matière et la Vie, Paris, Plon, 1966 (traduit en espagnol).
L'Être et le Verbe, Paris, Planète, 1965, réédité par Éditions du Rocher, 1983.
Pourquoi la Lune?, Paris, Éditions Planète-Denoël, 1968 (traduit en espagnol).
Les Grandes Énigmes de l'Astronomie, Paris, Éditions Planète-Denoël, 1967 (traduit en espagnol).
La Conception de l'Univers depuis 25 siècles, Paris, Hachette, 1970, réédité par les Éditions Stock, 1981, sous le titre *25 siècles de Cosmologie* (traduit en anglais, allemand, italien, néerlandais, espagnol, suédois et japonais).
L'Âge de l'ordinateur, Paris, Hachette, 1971 (traduit en espagnol).
Treize questions pour l'Homme moderne, Paris, Albin Michel, 1972 (traduit en portugais).
L'Homme et l'Univers, Paris, Albin Michel, 1974.
L'Esprit, cet inconnu, Paris, Albin Michel, 1977 (traduit en anglais, allemand, italien, grec, portugais).

Mort, voici ta défaite, Paris, Albin Michel, 1979 (traduit en allemand).
Le Monde éternel des Éons, en collaboration avec Christian de Bartillat, Paris, Stock, 1980. Réédité aux Éditions du Rocher, Paris, 1987.
J'ai vécu quinze milliards d'années, Paris, Albin Michel, 1983 (traduit en italien et néerlandais).
L'Esprit et la Science, Paris, Albin Michel, 1984, ouvrage collectif (symposium de Fès, Maroc).
Imaginaire et Réalité, Paris, Albin Michel, 1985, ouvrage collectif (International Committee à Washington D.C., USA).
Imaginary and Reality (Imaginaire et Réalité), New York, Paragon House, 1987, ouvrage collectif (International Committee in Washington D.C., USA), en anglais.
Les Lumières de l'Invisible, Paris, Albin Michel, 1985 (traduit en polonais et allemand).
Le Tout, l'Esprit et la Matière, Paris, Albin Michel, 1987.

Ouvrages d'enseignement sur l'informatique

Cours d'initiation à l'ordinateur et à la programmation, tomes 1 et 2, édité par CERCLE, Boîte postale 310, 91400 Villebon-sur-Yvette, France.
Cours de COBOL, tomes 1, 2 et 3, édité par CERCLE, Boîte postale 310, 91400, Villebon-sur-Yvette, France.

Roman, Science et Fiction

La Femme de la Genèse, Paris, Éditions du Rocher, 1983.

*Cet ouvrage composé
par Comp'Infor à Saint-Quentin
a été imprimé sur les presses
de Aubin Imprimeur à Ligugé
pour les Éditions Albin Michel*

AM

*Achevé d'imprimer en août 1989
N° d'édition 10746. N° d'impression L 32239
Dépôt légal, août 1989*

Imprimé en France